ST

CANONISATION DE SAINT PIERRE FOURIER

Fondateur de la Congrégation de Notre-Dame

1897

(Monastère du Roule)

PARIS

IMPRIMERIE DES ORPHELINS-APPRENTIS D'AUTEUIL

40, Rue La Fontaine, 40

1898

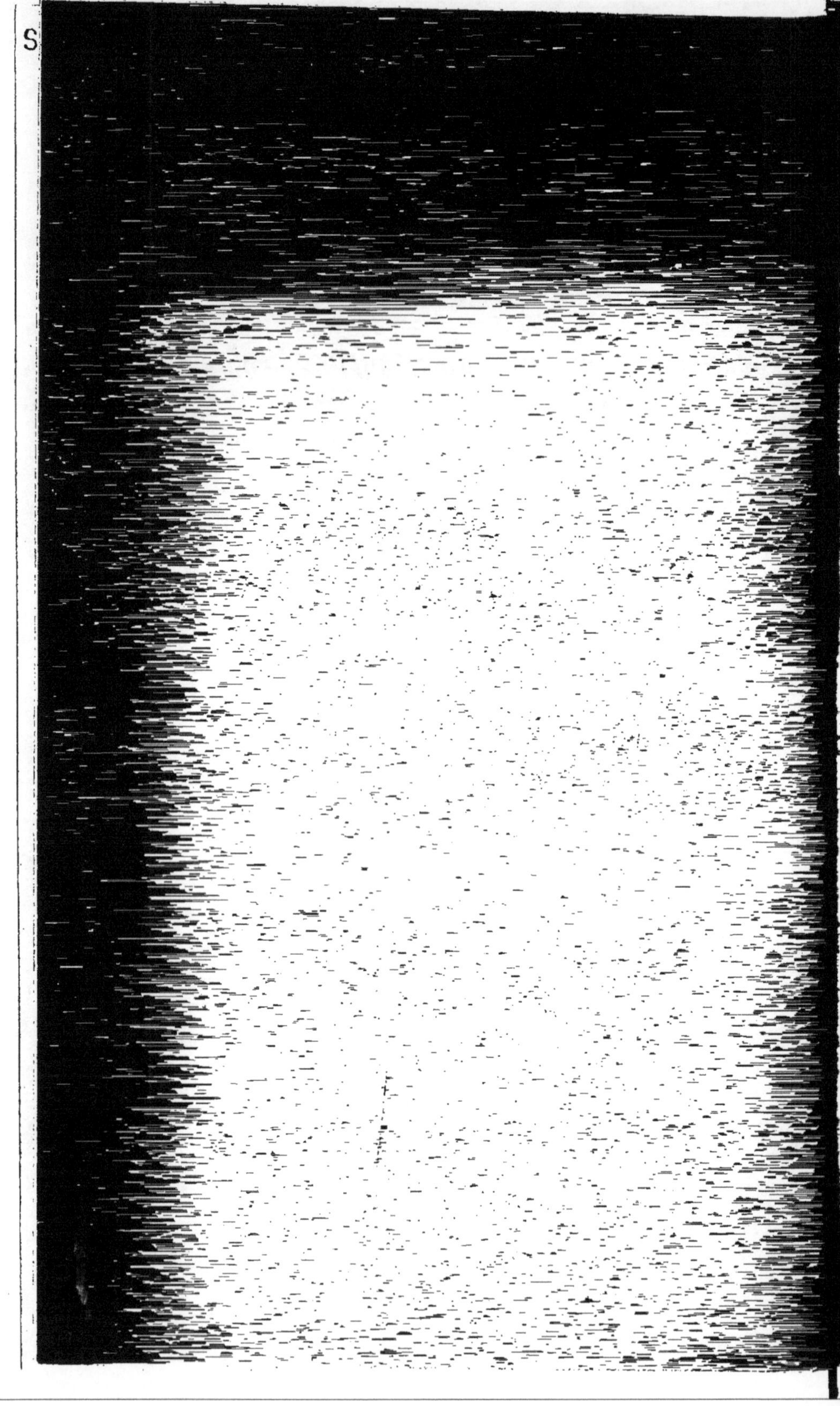

UNE ANNÉE BÉNIE

UNE ANNÉE BÉNIE

CANONISATION DE SAINT PIERRE FOURIER

Fondateur de la Congrégation de Notre-Dame

1897

(Monastère du Roule)

PARIS

IMPRIMERIE DES ORPHELINS-APPRENTIS D'AUTEUIL

40, Rue La Fontaine, 40

1898

A nos Élèves

C'est à vous, chères Enfants, que nous dédions ces modestes pages ; c'est en pensant à vous que nous les avons écrites, vous y tenez votre grande place. Aussi bien, elle est vôtre comme elle est nôtre, l'histoire de cette Année bénie. *Ensemble nous l'avons vécue ; ensemble nous avons partagé les mêmes espérances et les mêmes allégresses ; ensemble nous devons payer à Dieu notre dette de reconnaissance.*

Depuis plusieurs années, nous l'avions constaté avec bonheur, la dévotion au Bienheureux Pierre Fourier s'était développée parmi vous. L'année 1897 vous a confirmées dans ce culte filial ; nous voulons espérer que vous y demeurerez fidèles toute votre vie. Et c'est afin que les chers souvenirs de la canonisation de notre Fondateur et Père ne tombent pas dans l'oubli, que nous avons essayé de les retracer dans ce petit livre.

Quand, plus tard, il s'offrira à votre vue, vous vous rappellerez l'asile où se sont écoulées vos jeunes années, vos joies si pures, votre gaieté si franche, et, nous l'osons croire, vous aurez une prière pour vos Mères du Roule, qui ne cesseront jamais de vous aimer en Dieu et pour Dieu.

Monastère du Roule, en la fête de l'Annonciation, 25 mars 1898.

INTRODUCTION

Sommaire. — Culte de la Congrégation de Notre-Dame envers le Bienheureux Pierre Fourier. — La Révolution de 1789. — La Congrégation se reforme. — Un premier promoteur de la cause. — Il faut de nouveaux miracles. — Le Ciel intervient. — Deux procès juridiques. — Opportunité de la canonisation. — Une vente au Roule. — Télégramme attendu. — Cause magnifique !

Tes père et mère honoreras.

A tout cœur bien né ce précepte est facile autant qu'il est doux. Dès que l'enfant commence à comprendre de quels soins, de quelle tendresse il est entouré, son cœur reconnaissant se tourne avec bonheur vers les auteurs de ses jours, et il n'en croit jamais trop faire pour les honorer, pour leur témoigner son affection filiale.

Ainsi en est-il dans la famille religieuse où les âmes consacrées à Dieu gardent, pour aimer tout ce qui est aimable, la fraîcheur, l'élan, le joyeux enthousiasme de leur jeunesse. Il n'est pas un

Ordre religieux qui n'ait, envers son Fondateur, le respectueux attachement de l'enfant pour son père.

Comment, en effet, jouir des précieux avantages de la vie du cloître, en apprécier la sécurité, en savourer les austères délices, sans remercier chaque jour le Dieu infiniment bon qui nous a appelées à le suivre, et le saint Instituteur qui nous en a tracé le chemin dans des Règles sages et prévoyantes !

Nous surtout, Filles de Notre-Dame, nous devons chérir la mémoire de Pierre Fourier, notre Fondateur (1). Pendant quarante ans, que de prières et de pénitences n'a-t-il pas faites en vue d'obtenir de Dieu la lumière ! Que de veilles ne s'est-il pas imposées pour rédiger nos Constitutions ! Saintes et admirables sont-elles, ces Constitutions ; on sent que l'auteur en a longuement médité tous les conseils, en a pesé toutes les expressions, et l'on est frappé de voir comme il a su y allier la condescendance et la charité d'un Père avec les maximes de la plus haute perfection.

Aussi les anciennes annales de nos monastères

(1) Notre reconnaissance filiale ne saurait oublier la vénérée Mère Alix le Clerc, notre Fondatrice, et nous vivons dans l'espoir de la voir, elle aussi, un jour sur les autels.

offrent un précieux témoignage du culte que les religieuses de Notre-Dame ont toujours manifesté envers leur Instituteur. Nous avons relu, avec autant d'intérêt que de plaisir, le récit des fêtes qui furent célébrées partout, en 1730, lors de la béatification de l'humble curé de Mattaincourt.

Cette première grâce à peine obtenue, on en désira aussitôt une seconde, car tous les désirs n'étaient pas encore satisfaits. Les Filles du « Bon Père » (ainsi qu'on le nomme encore aujourd'hui en Lorraine), ambitionnaient pour lui un titre plus auguste : le Bienheureux qu'on priait avec tant de confiance devait être placé au rang des Saints.

Hélas ! le temps vint où les esprits furent absorbés forcément par d'autres préoccupations. La Révolution de 1789 bouleversa tout en France et ailleurs ; les monastères durent être abandonnés et les religieuses réduites à se cacher.

Toutefois, dès le premier Empire, notre Ordre possédait déjà deux maisons à Paris (1) et un bon nombre en province. Quand la paix fut rendue à nos pensionnats et à nos écoles, quand enfin on

(1) Celles de l'Abbaye-aux-Bois et du Cloître-Saint-Benoît.

La Communauté du Cloître-Saint-Benoît passa rue des Bernardins, puis rue de Sèvres à l'hôtel dit des Oiseaux.

Voir à l'appendice le récit succinct de la fondation du troisième monastère appelé aujourd'hui le Roule.

eut foi dans l'avenir, la Congrégation de Notre-Dame sentit renaître son ardeur pour solliciter du Saint-Siège la canonisation du Bienheureux Fourier.

Les Lorrains, de leur côté, reprirent le chemin de Mattaincourt pour aller invoquer leur saint compatriote ; à partir de l'année 1832, les pèlerinages annuels furent organisés. La ferveur s'accrut encore lorsque le vénérable M. Hadol, curé de la paroisse, fut parvenu à y édifier une magnifique église. De toutes parts les pèlerins se rendirent à la dédicace qui en fut faite, en 1853, par le cardinal Mathieu, archevêque de Besançon. C'est alors que le Père Lacordaire prononça son beau panégyrique du Bienheureux, un des morceaux les mieux écrits du célèbre orateur.

Les Filles de Notre-Dame suivaient tout ce réveil populaire avec une joie qui rendait plus vive leur espérance. Mgr Lacroix (1), postulateur de la cause, ne cessait d'encourager leur secret désir. Mais chaque fois qu'une démarche était faite en cour de Rome, on recevait invariablement la même réponse : « Le procès de canonisation ne peut être entrepris utilement avant que

(1) Clerc national de France à Rome.

le Bienheureux ne manifeste sa puissance par de nouveaux miracles. »

C'était donc vers le Ciel qu'il fallait se tourner et demander à Dieu un nouveau degré de gloire pour son fidèle serviteur.

Partout on se mit en prières, et, pour ne parler que de notre monastère, quand une maladie sérieuse se déclarait, en présence des cas les plus désespérés, on suppliait le Bon Père de faire un prodige et de hâter ainsi le succès de sa propre cause.

Mais le Bon Père ne paraissait pas entendre, ou du moins, s'il obtenait quelques faveurs spirituelles, on ne pouvait y découvrir la preuve d'un fait miraculeux. Son humilité s'est alarmée, disions-nous, le Bienheureux Pierre Fourier ne désire pas les honneurs de la canonisation.

Cependant on ne se lassait pas de prier ; beaucoup de religieuses faisaient chaque semaine des exercices de piété pour implorer cette grâce tant désirée.

Un fait vint donner à notre ferveur un nouvel élan : une guérison miraculeuse fut constatée au monastère de l'Abbaye-aux-Bois. Sœur Marie-Alexandra souffrait cruellement d'une arthrite aiguë au genou. Tous les remèdes étant impuissants, on recourut aux moyens surnaturels. En octobre 1867, après une application des reliques du Bienheureux Pierre Fourier sur la partie malade, la pauvre infirme éprouva un soulagement remarquable, bientôt suivi d'une pleine guérison.

Alors les enfants du Bienheureux Père crurent toucher au port. Mais les œuvres de Dieu ne se font pas si vite. Mgr Lacroix mourut en 1869. Puis, dans la triste année 1870, de terribles épreuves vinrent s'abattre en même temps sur Rome et sur la France. Et pendant les onze ans qui suivirent, combien de religieuses disparurent les unes après les autres, emportant dans la tombe le regret de n'avoir pas vu, sur la tête de notre Bienheureux Père, l'auréole de la sainteté !

Enfin, le 23 juin 1881, Pierre Fourier signala encore sa puissance par un second miracle plus éclatant que le premier. Une sœur converse du monastère de Strasbourg souffrait depuis longtemps d'un ulcère à l'estomac. L'état où elle se trouvait réduite la rendait un objet de compassion pour ses sœurs et pour les médecins qui la savaient perdue. Sœur Marie-Françoise recourut à notre Bon Père, et subitement, le dernier jour de la neuvaine, après un doux sommeil auquel elle n'était plus accoutumée, la sœur se trouva radicalement guérie, assista à la messe et communia en action de grâces.

Le procès juridique en fut dressé et envoyé à Rome en 1886, en même temps que celui de l'archevêché de Paris pour le miracle opéré en 1867, à l'Abbaye-aux-Bois.

Peu après, des personnes bien informées nous apprirent que le glorieux pontife Léon XIII était très favorable à la cause de notre Fondateur.

Les miracles prouvaient sans contredit la sainteté du Bienheureux ; mais, de plus, le Pape se réjouissait à la pensée de canoniser un curé français ; un prêtre qui sut créer, au dix-septième siècle, les œuvres sociales dont s'honore aujourd'hui la charité chrétienne ; un prêtre, le premier instituteur d'une Congrégation ayant pour but l'éducation et l'instruction élémentaire *gratuite* des jeunes filles (1).

Enfin, l'Église, par son chef visible, juge à propos de mettre en pleine lumière le saint curé

(1) Jusqu'au dix-septième siècle, l'Église regardait l'instruction des enfants externes comme incompatible avec les exigences de la vie cloîtrée. La première bulle du pape Paul V, en 1615, n'en disait pas un mot ; la seconde, en 1616, ne permettait que provisoirement les écoles externes. Le pape Urbain VIII octroya enfin, en 1628, une bulle qui régularisait la création de ces écoles, et accordait à la Congrégation de Notre-Dame la faculté de joindre aux trois vœux de religion celui de l'instruction des jeunes filles.

de Mattaincourt ; elle veut montrer à ses prêtres ce que la charité et le zèle peuvent inventer pour la transformation d'une paroisse et l'éducation chrétienne des enfants de toutes les conditions.

En effet, le 13 janvier 1895, Mme Carolus, une de nos anciennes élèves, reçoit d'Italie une importante nouvelle qu'elle se hâte de nous communiquer : M. le comte de Lefebvre de Béhaine, alors ambassadeur près le Saint-Siège, lui annonce que la *Ponenze* est prête (1), et que la Congrégation des Rites va s'occuper activement de la cause du Bienheureux Fourier.

A partir de ce moment, les formalités suivirent régulièrement leur cours. L'assemblée antépréparatoire se tint, le 14 mai suivant, chez le cardinal Aloisi-Masella, Préfet de la Congrégation des Rites. Le même jour, nous eûmes au Roule, l'exposition du Saint-Sacrement. Le 17, une lettre de Rome nous apprit que le résultat de la réunion avait été aussi satisfaisant que possible.

Le 9 décembre, autre bonne nouvelle : on nous fit savoir que les médecins consultés reconnaissaient unanimement l'authenticité des miracles proposés. Désormais, plus de craintes possibles,

(1) Ce qui veut dire : toutes les pièces du procès sont rassemblées, le rapport va être présenté à la Sacrée Congrégation des Rites.

la canonisation est assurée. Alors les cœurs s'enflamment, les imaginations travaillent. Que faire pour se procurer des ressources et couvrir à Rome les dépenses des fêtes futures (1) ? La Providence veille, elle ne saurait nous manquer dans une circonstance si grave. En effet, de bons anges viennent tout à coup nous prêter leur gracieux concours. Ces bons anges, ce sont nos Dames Enfants de Marie qui veulent faire une vente au profit de la canonisation du Bienheureux Pierre Fourier. Leur présidente, Mme de Montgermont, leur vice-présidente, Mme la marquise de Sayves, organisent en quelques jours un groupe de vendeuses, dont les noms sont connus au Roule comme synonymes de dévouement et de fidélité (2).

Bientôt nos parloirs se transforment, un magnifique luminaire s'improvise, de riches comptoirs sont dressés, et sur chacun on dispose les objets les plus divers et les plus charmants. Ici, on voit des ornements d'église ; là, des jouets d'enfants ;

(1) Il n'y a pas à s'étonner des grands frais nécessités par une canonisation. La décoration intérieure et extérieure de la basilique de Saint-Pierre, les riches tentures, le luminaire doivent nécessairement coûter fort cher. De plus, il faut mettre en œuvre des artistes, des ouvriers de toutes sortes, sans parler du nombreux personnel que réclament de si imposantes cérémonies.

(2) Nous nous faisons un plaisir de les citer tous à l'appendice.

plus loin, ces bibelots dont on garnit les étagères ; là-bas, des étoffes pour les pauvres. Si vous voulez écrire, si vous aimez la lecture, si vos doigts agiles désirent manier le crayon ou le pinceau, vous n'avez qu'à choisir. Sans doute les prix sont un peu élevés, mais quelle cliente songerait à s'en plaindre ? On ne marchande pas pour le Bienheureux Père (1).

La vente eut lieu les 26, 27 et 28 décembre. Nos amis vinrent en foule (2) et leur générosité fut admirable. D'ailleurs avec des vendeuses aussi aimables et aussi engageantes que les nôtres, il n'y avait pas moyen de se montrer parcimonieux. Nos chères pensionnaires ne voulurent pas demeurer en arrière ; la plupart avaient eu soin de faire garnir leur porte-monnaie, toutes le vidèrent sans compter. Pendant ce temps la poste nous apportait les nombreuses offrandes des anciennes élèves qui ne pouvaient se rendre à la vente.

(1) Pour que la vente fût préservée de tout accident, notre Père Supérieur vint en bénir les comptoirs, et on la mit sous la protection de l'Enfant-Jésus, avec promesse de l'honorer plus encore que par le passé. Quelques semaines plus tard, l'Enfant-Jésus de Prague fit son entrée dans notre maison. Le noviciat, où il a élu domicile, a pris à cœur de lui rendre un culte où se confondent l'imitation, la reconnaissance et l'amour.

(2) M. le comte Fourier de Bacourt se distingua entre tous par sa courtoisie et sa libéralité.

C'est principalement par l'addition finale que le résultat d'une vente est appréciable. Nous croyons faire de la nôtre le plus grand éloge en disant qu'au soir de la troisième journée, nous étions pleinement rassurées sur la dette d'honneur que nous voulions payer à notre bien-aimé Père. Dans les monastères de l'Ordre se manifestait le même zèle, tous s'imposaient des sacrifices pour envoyer leur tribut ; dès lors il devenait évident qu'aucun obstacle matériel n'entraverait plus la marche d'un si heureux événement (1).

L'année 1896 se passa dans l'expectative. Le 21 avril, la séance préparatoire se tint au Vatican ; aucune résolution ne fut prise, car tous les délais n'étaient pas encore expirés. Enfin le Révérendissime Père Santini, abbé général des Chanoines Réguliers de Latran, promoteur de la cause depuis 1878, nous avertit que le 17 novembre aurait lieu la dernière assemblée pour la canonisation du Bienheureux Pierre Fourier. Le Saint-Père devait la présider, et les membres de la Congrégation des Rites étaient appelés à donner leur suffrage sur les deux miracles proposés. Avec quelle joie cette nouvelle fut accueillie parmi nous ! Le Saint-

(1) Au carême suivant, nos Dames Enfants de Marie firent encore une quête très abondante au profit de la canonisation.

Sacrement demeura exposé tout le jour dans la chapelle. A l'heure de l'assemblée à Rome, religieuses et élèves du Roule redoublèrent de ferveur pour sanctifier leur travail et le rendre plus agréable à Dieu. De tous côtés nos meilleurs amis s'unirent à nos prières.

Une dépêche de Rome nous avait été promise ; elle arriva vers sept heures et demie du soir, au moment où les élèves sortaient du réfectoire. Celles-ci passaient près de la porte d'entrée, lorsque l'employé du télégraphe parut, tenant en main le précieux papier bleu. Ce fut un cri de joie : « La dépêche ! la dépêche ! » Le porteur, ne comprenant rien à cette ovation, se hâta de gagner le tour pour remettre son télégramme.

Les convenances exigeaient qu'il fût porté aussitôt à la Révérende Mère Supérieure. Le pensionnat reforme ses rangs et, plus ou moins silencieux, se rend dans les salles de récréation. Après quelques minutes où tout le monde parle en même temps, les jeux s'organisent, car il est convenable de tout bien faire en un jour si heureux..... Soudain la porte de la salle s'ouvre, une sœur tourière apparaît, apportant de la part de Maman (1) Marie-

(1) Les élèves du pensionnat donnent le nom de Maman à la Mère Supérieure.

Sophie, aux grandes élèves, le petit papier bleu. A l'instant, une avalanche se précipite sur la bonne sœur ; toutes nos enfants l'entourent, la main tendue vers la dépêche. On parvient enfin à déplier le papier, la maîtresse lit à haute voix :

Tout est pour le mieux.

SANTINI.

Et les applaudissements éclatent, et les échos retentissent des accents de bonheur. Séance tenante, les aînées de la troupe décident qu'il faudra chanter un *Laudate*, à la suite de la prière du soir. Ce qui eut lieu, à la grande satisfaction de toutes.

Pendant ce temps, avec une joie plus contenue, une scène analogue se passe à la salle de Communauté. Les plus jeunes religieuses courent à la chapelle et illuminent le sanctuaire, afin de dire en chœur le *Magnificat*, avant la retraite dans les cellules.

Quelques jours plus tard, nous eûmes le résumé de ce qui s'était passé dans cette mémorable assemblée. Après la lecture du rapport sur l'examen des deux miracles, les cardinaux ayant déposé leur *placet*, le Saint-Père avait fait lui-même l'éloge de notre fondateur et avait terminé par ces mots : *Cause magnifique!*

Il avait réservé son propre suffrage, selon la coutume, voulant réfléchir encore et prier avant de promulguer le décret de canonisation. Mais il n'y avait plus de place en nos cœurs pour aucune inquiétude, et c'est sans s'étonner que notre Mère Supérieure reçut, le 16 décembre, un télégramme ainsi conçu :

MADAME LA SUPÉRIEURE,

De Rome m'arrive cette dépêche : *Décret canonisation sera lu et promulgué officiellement Fête Epiphanie.*

Nous sommes donc sûrs d'avoir la cérémonie à très brève échéance. Veuillez agréer l'hommage de mon profond respect.

FOURIER DE BACOURT.

Viens, chère année 1897, viens mettre le comble à nos vœux. Nous ne dirons pas comme le poète :

.....Quels dons chargent ta main ?
Quels biens nous apporte ton aile ?

Nous savons que tu seras pour nous l'année bénie, l'année de grâce, dont la Congrégation de Notre-Dame gardera perpétuellement la mémoire.

Saint Pierre Fourier.

2

UNE ANNÉE BÉNIE

CHAPITRE PREMIER

AVANT LA CANONISATION

Sommaire. — Le 6 janvier. — Lettre du Révérend Père Mortara. — Réception du décret. — Date fixée. — Où se fera la fête. — Les préparatifs. — Le voyage à Rome.

Dès le matin du 6 janvier qui devait être doublement pour notre saint Ordre l'Epiphanie, la Manifestation, nos cœurs ressentaient une vive allégresse. La pensée nous vint de chanter un *Te Deum* à l'heure où devait se terminer, au Vatican, l'acte solennel de l'approbation des deux miracles pour la canonisation de notre Bienheureux Père.

Nos pensionnaires étaient absentes, elles avaient obtenu un jour de congé supplémentaire pour se réjouir en famille de ce grand événement. « Nous chanterons donc toutes seules notre *Te Deum* ? » dit quelqu'un. — « Pourquoi ne ferions-nous pas venir nos petites élèves de la classe externe ? Ce sont les privilégiées du *Bon Père* : à elles il appartient d'avoir les premiers honneurs. »

Cette proposition est acclamée. On vole chez la Mère Intendante qui s'empresse de donner toute permission à ses maîtresses de classe.

A l'heure dite, nos chères enfants entrent en bel ordre dans la chapelle, pendant que nous achevons de psalmodier None. Bientôt l'orgue se fait entendre, notre Mère Supérieure entonne le chant de la reconnaissance, et toutes, d'un commun accord, avec une émotion indescriptible, nous louons le Seigneur d'avoir fait lever sur nous son étoile. C'est assurément le plus doux « *Te Deum* » que nous ayons jamais chanté ; même celui du 27 mai n'aura plus cette suavité d'un premier élan.

Au sortir de la chapelle, les petites externes furent placées dans la galerie voisine. Notre Mère prit plaisir à passer dans leurs rangs pour distribuer à chacune une image de Pierre Fourier. « Vive notre Bienheureux Père ! vive notre Révérende Mère ! » s'écrièrent les chères enfants tout heureuses.

Aussitôt après le Salut, le Saint-Sacrement

n'étant plus exposé, nous pouvions chanter notre glorieux Père. Une petite réunion intime avait été organisée à l'oratoire de notre bien-aimé Fondateur (1). La plupart des religieuses s'étaient groupées au pied de la statue et répétaient avec entrain le cantique si connu :

O Bon Père,
Notre terre
Se souvient de tes bienfaits ;
La mémoire
De ta gloire
En nos cœurs vit à jamais.

Au dernier couplet, on avait introduit cette variante :

Notre joie est extrême
De te voir honorer.
Quel riche diadème
Sur ton front va briller !
Ah ! ta gloire est la nôtre,
Vive la sainteté !
Toi qui fus notre apôtre,
Nous triomphons enfin de ton humilité.

(1) Cet oratoire, créé en 1875 sous la supériorité de la Révérende Mère Marie Fourier, se trouve dans la tribune, à gauche du sanctuaire. La tribune de droite a été dédiée à Notre-Dame de la Providence par notre Révérende Mère Marie des Anges, en l'année 1872.

Quelques jours après, le journal « *La Croix* » fit paraître la lettre qu'on va lire :

Rome, 6 janvier 1897.

MONSIEUR LE RÉDACTEUR,

« Dans un avenir très prochain, la France aura un saint de plus. C'est le Bienheureux Pierre Fourier, de l'ordre des Chanoines Réguliers, curé de Mattaincourt, en Lorraine, fondateur de la Congrégation de Notre-Dame.

« Je viens d'assister au Vatican à l'acte solennel de l'approbation des deux miracles requis pour la canonisation du Bienheureux, en présence de Sa Sainteté Léon XIII. Le Très Révérend Père Abbé Lalli, procureur général de notre Ordre, le Très Révérend Père Strozzi, consulteur de la Sacrée Congrégation des Rites, et le Révérend Père Menchini, ancien aumônier des Religieuses de Notre-Dame, à Molsheim, accompagnaient, avec moi, au Vatican, le Révérendissime Père Dom Louis Santini, Abbé général de notre Ordre et Postulateur de la cause. Nous arrivions dans les appartements du Saint-Père à dix heures et demie. L'acte devait avoir lieu à onze heures. Dans l'intervalle, se présentaient dans les antichambres : Son Eminence le Cardinal Aloisi-Masella, préfet de la Sacrée Congrégation des Rites et relateur de la cause, Mgr Panici, secrétaire de la même Congrégation, Mgr Persiani, promoteur de la Foi, Mgr Lugari, sous-promoteur, Mgr di Fava, substitut. Au Révérendissime Père Santini s'étaient joints M. le commandeur Morani, avocat de la cause, et M. le marquis Fonti, procureur. On remarquait aussi avec grande satisfaction M. le comte Henry Fourier de Bacourt, parent du Bienheureux Pierre Fourier.

« Un peu après onze heures, nous fûmes admis dans le bureau particulier de Sa Sainteté, à la suite de Son Eminence le Cardinal Aloisi-Masella et des autres prélats et personnages déjà nommés.

« Le Très Saint-Père était assis sur son trône, assisté de sa *Nobile Anticamera*. On remarquait à droite Mgr della Volpe, majordome, et à gauche Mgr Cagiano di Azzevedo, maître de chambre. Nous nommerons aussi Mgr Pifferi, préfet des cérémonies pontificales, et les deux camériers participants, Mgr le marquis Misciatelli et Mgr le prince de Croy.

« Après la présentation accoutumée, le Saint-Père donna ordre à Mgr Panici de lire le décret d'approbation des deux miracles, ce que le prélat fit d'une voix claire et nette.

« La rédaction du décret se déploie dans une latinité exquise paraissant être du plein agrément du Saint-Père.

« La lecture du décret terminée, Mgr Panici baisa le pied de Sa Sainteté qui lui prodigua des éloges bien mérités. Après quelques instants de pause, le Saint-Père prit la parole et prononça une allocution courte et concise, mais très animée, dans un latin admirable et très choisi. D'une voix forte et vibrante et accompagnant ses paroles d'un geste digne et très naturel, le Saint-Père accentua l'heureuse coïncidence de la grande fête de l'apparition du Seigneur aux Gentils et de l'approbation officielle des miracles pour la canonisation du Bienheureux Pierre, apôtre zélé et infatigable de cette même sainte Foi que les saints Rois mages allèrent puiser aux pieds du Divin Enfant. Il fit ressortir (d'après ce qu'on avait entendu dire dans la lecture du décret) l'opportunité de cette canonisation, de nos jours où les œuvres fondées par le même Bienheureux se rendent plus nécessaires que jamais, et conclut en disant que son ministère étant requis pour cet acte solennel, il s'y prêterait très volontiers.

« Le discours du Saint-Père terminé, Son Eminence le

Cardinal Aloisi-Masella le remercia et lui souhaita de réaliser bientôt ce qui était l'objet de son plus vif désir et de celui de tant d'autres.

« Après quoi, tous les assistants furent successivement présentés à Sa Sainteté, qui daigna adresser une parole aimable à chacun d'eux, donnant à tous la bénédiction apostolique. M. le comte de Bacourt fut admis par le Saint-Père à une audience particulière...

. . . .

« La joie que ressent en ce moment l'Ordre des Chanoines Réguliers est bien partagée par les Chanoinesses Régulières de Notre-Dame, impatientes depuis bien des années de voir leur Bienheureux Fondateur couronné de l'auréole glorieuse des Saints. Cette joie atteindra son comble le jour (probablement en mai prochain) où cela sera un fait accompli.

« Le 19 courant se réunira, en présence du Saint-Père, la Sacrée Congrégation des Rites pour l'acte appelé : *Tuto.*

« Veuillez agréer, etc.

« P. Pio Ma Mortara
« Ch. R. de Latran. »

C'est le 10 janvier, jour anniversaire de la béatification de Pierre Fourier, que le décret d'approbation des miracles nous parvint (1).

Avec quelle pieuse émotion chacune de nous le contempla ! Ainsi la cause était terminée, il ne restait plus à remplir que les dernières formalités d'usage.

La réunion du *Tuto procedi posse* eut lieu le

(1) Voir ce décret à l'Appendice.

19 janvier. On y fit la revision générale de la cause, et, les avis ayant été unanimement favorables, il fut déclaré que l'on pouvait sans crainte procéder à la canonisation du serviteur de Dieu, Pierre Fourier.

Les Lettres apostoliques pour promulguer ce décret furent publiées le 14 février, et la date du 27 mai officiellement fixée pour la canonisation.

Où se ferait cette fête ? Serait-ce dans la salle de la Loggia, au Vatican, comme les autres solennités de ce genre, qui ont eu lieu depuis trente ans ? Mais cette salle ne peut contenir qu'un certain nombre de personnes ; les fidèles sont attristés de ne plus être admis à ces cérémonies si magnifiques. On sait d'avance que les Français seront nombreux à Rome, à l'occasion du triomphe du Bienheureux Pierre Fourier. D'autre part, le Bienheureux Zaccaria, fondateur de l'Ordre des Barnabites, devant recevoir le même jour les honneurs de la canonisation, les Italiens sont désireux d'être là, aux premières places. Toutes ces raisons furent portées au Saint-Père qui, dans sa bienveillante bonté pour ses enfants, décida que la fête aurait lieu à Saint-Pierre même, avec tout l'éclat traditionnel.

Des ordres furent donnés aussitôt pour la décoration de l'immense basilique. Il fallait aussi choisir des peintres pour les étendards, des orfèvres pour les reliquaires à offrir au Saint-Père et aux cardinaux.

Le Révérendissime Père Santini y mit un zèle, une ardeur dont la Congrégation de Notre-Dame lui saura toujours gré.

Pendant qu'on faisait à Rome tous les préparatifs, une bonne nouvelle avait été communiquée aux monastères de notre Ordre. On venait d'apprendre que, dans une occasion si extraordinaire, Léon XIII dispenserait volontiers de la clôture quelques religieuses de Notre-Dame, et leur permettrait de se rendre à Rome pour assister à la glorification de leur Père.

Une telle proposition ne pouvait que nous être excessivement agréable. Voir le Saint-Père ! visiter Rome ! entendre, le 27 mai, chanter dans Saint-Pierre : *Sancte Petre Forerii !* il y avait là de quoi donner du bonheur pour toute une vie. A cause de sa santé délicate, notre Mère Supérieure craignit une trop grande fatigue et délégua, comme représentantes du Roule, la Mère Assistante, Mère Saint-Charles, et la Préfète du Pensionnat, Mère du Sacré-Cœur.

Le 18 mai, nos deux Mères partaient avec quelques élèves (1) pour la gare de Lyon, où elles se rencontraient avec la Révérende Mère Saint-François-de-Sales, Supérieure de l'Abbaye, et Mère Marie-Alexandra, guérie miraculeusement en 1867 par l'intercession du Bienheureux Pierre Fourier, la Révérende Mère Marie-Fourier, Supérieure du monastère des Oiseaux, et Mère Félicité, Assistante.

Dans le même train se trouvait notre Supérieur, M. l'abbé Bureau, archidiacre de Sainte-Geneviève, qui devait être, durant tout le voyage, le chapelain et le Père de la petite caravane.

M. l'abbé Gény, notre aumônier, avait pris les devants, pour faire de pieux pèlerinages le long de la route.

Inutile de dire combien nos cœurs étaient fidèles à accompagner de nos meilleurs vœux ces heureux voyageurs.

(1) Notre dévouée Mlle Gabrielle Pieper servait de mentor à nos élèves : Mlles Georgette et Madeleine Paillard et Blanca Urtecho.

CHAPITRE II

SÉJOUR A ROME

Sommaire. — La Villa Maria. — Sainte-Agnès. — Visite des sept basiliques : Saint-Laurent-hors-les-Murs ; Saint-Sébastien-hors-les-Murs ; Saint-Paul-hors-les-Murs ; Sainte-Marie-Majeure ; Saint-Pierre-du-Vatican ; Saint-Jean-de-Latran ; Sainte-Croix-en-Jérusalem. — L'église du Gesù. — Le Cardinal Parocchi. — Les Catacombes de Saint-Calliste. — Saint-Pierre-aux-Liens. — L'église de la Sainte-Famille. — Le cimetière des Capucins. — Sainte-Marie-in-Ara-Cœli. — Le Santo Bambino. — La Chambre de saint Ignace. — La Scala Sancta. — Saint Benoît-Joseph Labre. — Sainte-Cécile-in-Transtevere. — Mater Admirabilis. — Saint-Louis-des-Français. — Le Colisée. — Audience du Saint-Père. — Adieux à Rome.

Afin que le récit soit plus intéressant, nous laisserons nos voyageuses faire elles-mêmes le journal de ce séjour à Rome :

Nous donnerons peu de détails sur notre voyage qui se fit en trente-six heures, et pendant lequel l'oraison, la récitation du chapelet, du saint office et nos autres exercices de piété nous laissent amplement le loisir d'admirer les beautés de la nature, les sites pittoresques de la Savoie, l'immense lac du Bourget que nous longeons pendant un temps considérable, et les montagnes à pic couvertes d'une neige perpétuelle, resplendissante sous les éclats d'un soleil radieux (1).

Jeudi 20 mai. — Un peu après cinq heures du matin nous voici à Rome, où le Révérendissime Père Dom Louis Santini nous accueille avec une paternelle et affectueuse bienveillance. Nous traversons en voiture une partie de la Ville Eternelle, nous passons sous la Porte Pia, si tristement célèbre par les événements de 1870 (2), et nous arrivons enfin au couvent des Ursulines de Villa Maria (3). Ces religieuses sont depuis longtemps en relations

(1) Bien moins commodément sans doute les Pères Lemulier et Guinet firent ce même voyage, il y a deux cent soixante-dix ans, au milieu de ce beau mois de mai. Ces deux religieux allaient traiter à Rome de l'approbation de la réforme des Chanoines Réguliers et de l'Institut de Notre-Dame, œuvres de Pierre Fourier. Que de peines, que de soucis, que de démarches, pour arriver à leur but ! Mais soutenus par les lettres de leur Père, ils réussirent enfin. Le Père Guinet rentra en Lorraine, après vingt mois d'absence, rapportant les deux bulles tant désirées.

(2) Entrée des troupes régulières italiennes, 20 septembre.

(3) Colonie d'Ursulines françaises de Blois établies depuis peu dans un vaste monastère encore inachevé ; elles y exercent une action bienfaisante sur les pauvres du quartier. Plus de cent petites filles viennent en classe ; on leur donne tous les jours un réconfortant à l'heure de midi.

très amicales avec la Révérende Mère Supérieure du monastère des Oiseaux ; aussi nous accordèrent-elles la plus fraternelle hospitalité, et les attentions les plus délicates nous furent prodiguées durant tout notre séjour.

Notre souvenir se reportait tout naturellement au voyage que fit, en 1615, notre vénérée Fondatrice, Alix le Clerc, pendant lequel elle séjourna chez les Ursulines de Paris. Cette circonstance est bien faite pour resserrer les liens qui unissent depuis près de trois siècles nos deux Congrégations vouées au même but : l'éducation de la jeunesse.

A huit heures, nous assistons à la sainte messe et nous avons le bonheur d'y faire la sainte communion.

Le reste de cette première journée est donné au repos, à la prière, à la correspondance et à la réception de plusieurs visites parmi lesquelles nous mentionnons celles de M. l'abbé Gény, aumônier du couvent du Roule, qui nous a précédées à Rome, de quelques jours ; le R. P. Dom Maximin Hérault, chanoine régulier de Latran et frère de deux de nos religieuses, et le Révérendissime Père Santini, qui viennent prendre de nos nouvelles.

Mlle Gabrielle Pieper et nos chères petites élèves, après s'être séparées de nous à Gênes, arrivent à Rome, elles aussi. Elles sont dans l'enthousiasme de toutes les belles choses qu'elles ont déjà rencontrées (1). Elles ne font pas seulement un pieux pèlerinage, mais un voyage longuement préparé d'avance et à tous les points de vue.

Vendredi 21 mai. — De larges permissions nous ayant été accordées, nous en usons amplement pour visiter les souvenirs de Rome chrétienne et chaque jour nous avons le bonheur d'assister dans un sanctuaire célèbre, à la sainte messe dite habituellement par M. l'abbé Bureau. Nous commençons ces pèlerinages journaliers (2) par l'église de Sainte-Agnès-hors-les-Murs, desservie par les Chanoines réguliers de Latran, et siège de la pieuse Union des Enfants de Marie, à laquelle est affiliée notre Congrégation (3). M. l'abbé Bureau célèbre

(1) La fameuse cathédrale de Gênes, le Campo-Santo, le théâtre San-Carlo, les statues de Christophe Colomb, de Victor Emmanuel, de Garibaldi, le golfe de Gênes, sur lequel elles ont fait une délicieuse promenade, etc.

(2) En faisant ces récits nous n'avons pas la prétention de donner un journal artistique ou littéraire, nous voulons seulement que nos chères lectrices trouvent ici un aperçu des merveilles de la Rome chrétienne.

(3) Les Enfants de Marie du Roule ont été affiliées le 2 février 1878 à cette pieuse Confrérie, par les soins de Mme de Montgermont, leur présidente, lors d'un voyage qu'elle fit à Rome.

la sainte messe à l'autel où reposent les restes de sainte Agnès et de sa sœur de lait, sainte Emérentienne. Le Révérendissime Père Santini nous fait visiter en détail la magnifique basilique ; nous nous arrêtons près de chacune des chapelles particulières, et nous prions longuement devant celle de la sainte Vierge, à la pensée de toutes les Enfants de Marie du Roule. Nous avons aussi un souvenir spécial pour elles, lorsque la faveur nous est accordée de vénérer les reliques de sainte Agnès, l'angélique martyre, leur première patronne après la Vierge Immaculée (1).

Et nous, religieuses, quelles douces émotions n'éprouvons-nous pas en songeant qu'aux jours mille fois bénis de notre prise d'habit et de notre profession, nous avons chanté avec nos Mères et nos Sœurs ces paroles empruntées à l'office de sainte Agnès : *Regnum mundi*, etc ... « J'ai méprisé les grandeurs du monde, les vains avantages du siècle, pour l'amour de mon Seigneur que j'ai vu, que j'ai aimé, en qui j'ai mis toute ma confiance et qui possède seul l'amour de mon cœur. » — *Posuit signum*, etc... « Le Seigneur

(1) Nous aimons à rappeler que ce fut saint Pierre Fourier qui, le premier, plaça les Congrégations des Enfants de Marie, pour les jeunes filles, sous le vocable de l'Immaculée Conception.

a posé sur ma face un signe afin que je n'admette nul autre amour que le sien. Le Seigneur m'a revêtue d'un ornement tissu d'or, et m'a ornée des plus riches parures ; il m'a montré les trésors incomparables qu'il doit me donner, suivant sa promesse, si je persévère en lui. »

A la sortie de l'église, un déjeuner à l'italienne (chocolat, sorbets, gâteaux divers) nous est offert dans la salle si célèbre par la préservation miraculeuse de Pie IX en 1854.

Nous consacrons une grande heure à la visite des fameuses catacombes de Sainte-Agnès, longs corridors souterrains, interrompus de temps en temps par une petite chapelle, ornée de peintures anciennes symbolisant les sacrements, la vie du Sauveur, les dogmes chrétiens, etc.

Nous les parcourons silencieusement, une torche à la main, l'esprit occupé des souvenirs du passé, le cœur élevé vers ce Jésus pour qui ont vécu et souffert les martyrs, pour qui, nous aussi, nous devons vivre et mourir (1).

Une agréable surprise nous attendait à notre retour chez les Ursulines de Villa Maria ; nous y trouvions la Révérende Mère Supérieure et la

(1) Sainte Agnès a encore à Rome un autre sanctuaire, élevé sur le lieu même où elle subit le martyre.

Mère Assistante (1) de notre maison de Strasbourg, déjà arrivées à Rome depuis quelques jours.

Dans l'après-midi, nous commençons la visite des sept principales basiliques, à laquelle de nombreuses indulgences sont attachées, pèlerinage que doit faire tout chrétien qui a l'immense privilège de visiter la Ville Eternelle, et, à plus forte raison, toute bonne religieuse (2).

Notre première station est pour Saint-Laurent-hors-les-Murs, église construite par Constantin, vers 330, et remarquable par ses belles colonnes antiques. Après avoir prié aux intentions du Souverain Pontife, pour notre chère Mère Marie-Sophie, placée au saint baptême sous la protection spéciale du glorieux saint Laurent, et pour toutes les personnes qui se sont recommandées à nos prières, nous visitons en détail la basilique desservie par les Pères Franciscains. Nous admirons surtout le magnifique tombeau de Pie IX, le doux et tant aimé Pontife.

Une deuxième visite nous réunit dans la

(1) Mère Joséphine et Mère Marie-Xavier.

(2) Dans notre petit résumé, nous faisons de nombreux emprunts à l'ouvrage si pieux et si intéressant du chanoine De Bleser. (Guide du voyageur catholique.)

basilique (1) de Saint-Sébastien-hors-les-Murs, bâtie sur le cimetière de Saint-Calliste dans lequel sainte Lucine, noble matrone romaine, ensevelit le corps du martyr. Une statue due au ciseau du Bernin, représente le saint percé de flèches. C'est avec une ferveur toute particulière que nous prions dans ce sanctuaire, à cause du souvenir attaché à la fameuse nuit (2) de la Saint-Sébastien 1598, souvenir si cher aux Religieuses de la Congrégation.

Enfin notre journée se termine par une station à Saint-Paul-hors-les-Murs, détruite en 1823 par un incendie épouvantable et reconstruite avec une magnificence sans pareille, grâce au souverain pontife Léon XII, qui compta sur la foi des catholiques, « *pour faire relever de ses ruines la nouvelle basilique avec une grandeur et une beauté qui la rendissent digne du nom et des cendres du Docteur des nations* » (3).

(1) Nous avons fait tous nos divers pèlerinages en société de nos chères Mères de l'Abbaye et des Oiseaux. Souvent aussi nous donnions rendez-vous à nos élèves dans l'un ou l'autre sanctuaire célèbre. C'était toujours avec plaisir que nous y rencontrions M. l'abbé Bureau, M. l'abbé Gény, Mme Gibert, Mlle de Lisle et la petite députation de Moulins, si affectueuse et si aimable.

(2) C'est dans cette nuit mémorable que Dieu révéla à Pierre Fourier ses desseins sur la Congrégation de Notre-Dame.

(3) Lettre de Léon XII aux archevêques et évêques du monde catholique pour la reconstruction de Saint-Paul-hors-les-Murs.

La basilique présente un coup d'œil admirable avec ses quatre rangées de splendides colonnes et le maître-autel papal, au-dessus duquel s'élève un baldaquin en style gothique, supporté par des colonnes de porphyre rouge, don du vice-roi d'Egypte, Méhémet-Ali, à Grégoire XVI. Tout autour de l'édifice se voient les portraits de tous les papes. Notre attention est surtout attirée par celui du successeur de saint Pierre, saint Lin, dont les yeux en diamants ont été offerts par une pieuse Romaine qui avait obtenu de ce saint de nombreuses grâces.

Parmi les reliques insignes conservées dans les diverses chapelles, toutes ornées de statues, de peintures, de mosaïques, nous distinguons surtout les chaînes de saint Paul, un bras de sainte Anne, renfermé dans un superbe reliquaire, et le fameux crucifix de sainte Brigitte. On lit dans la vie de cette fidèle servante de Dieu, qu'elle eut plusieurs révélations, alors qu'elle priait devant ce crucifix, et que le Christ s'animant lui adressa la parole. L'expression de la physionomie du Sauveur est admirable, la bouche est entr'ouverte comme si elle venait de parler avec effort, et le regard témoigne d'une indicible douceur.

Cette visite faite un vendredi, à peu près à

l'heure même où Notre-Seigneur expirait sur la croix, nous laisse une impression profonde, et nous nous endormons dans la pensée de tout ce que Dieu a souffert pour nous et du peu que nous faisons pour lui.

Samedi 22 mai. — Un premier samedi passé à Rome ne peut se commencer mieux que par un hommage de culte filial rendu à la Mère de Dieu. Nous entendons la sainte messe à Sainte-Marie-Majeure.

La construction de cette basilique due au miracle des Neiges eut lieu au commencement du IVe siècle.

A la porte principale de la basilique, comme aux quatre cents églises de Rome, l'*Invito sacro* suivant a été placardé par ordre de S. E. le cardinal Parocchi :

« Pour la troisième fois, exemple rare dans l'histoire, le Souverain Pontife va accorder à deux Bienheureux, les honneurs suprêmes des autels. Expression du magistère apostolique, le décret de canonisation, préparé par de longues études et d'infatigables discussions, doit être mûri par le jeûne et la prière. Que les dons surnaturels qui réjouissent et réconfortent l'Eglise sur cette terre soient obtenus par les mérites des fidèles.

« Nous vous invitons donc, très chers frères, à accomplir les œuvres méritoires qui doivent précéder le grand décret, suivant en cela l'usage de l'Eglise et les ordres de son Pasteur. Nous vous recommandons cette pratique généreuse avec d'autant plus de soin que, par la canonisation, l'Eglise militante obtiendra de nouveaux protecteurs pour la défendre et de nouveaux modèles pour lui enseigner la perfection.

« Le Fondateur de la Congrégation de Saint-Paul, le Bienheureux Antoine-Marie Zaccaria, a accompli de grandes choses en un petit nombre d'années. L'innocence unie à la pénitence la plus rigide, la contemplation unie à l'action, l'esprit d'ascétisme dans la solitude uni à l'apostolat le plus intrépide, ont prédisposé ce Bienheureux à la fondation des Barnabites et des Angéliques ; et des vertus insignes unies à d'autres œuvres hautement méritoires, ont obtenu pour ce Père une place illustre parmi les fondateurs d'Ordres religieux.

« Le Bienheureux Pierre Fourier, modèle des curés, réformateur d'une des nombreuses familles religieuses qui se vantent de la paternité de saint Augustin, fondateur d'une élite de Religieuses qui se consacrent à l'instruction du peuple et à l'éducation des patriciennes, a préludé aux institutions célèbres du Bienheureux de la Salle et de saint Joseph Calasanze ; digne de l'admiration de saint François de Sales et de l'amitié de ses plus grands contemporains qui ont illustré la France par la sainteté de leur vie, par la fécondité de leurs entreprises ; son zèle, sa doctrine et ses vertus sont restés comme un monument impérissable pour le salut de la patrie et la consolation de l'Église ; et à la fin de ce siècle qui va disparaître, il apparaît couronné de l'auréole des Saints, reproche pour les uns, espérance pour les autres.

« Cherchons donc à nous assurer les effets salutaires de la prochaine canonisation en nous préparant avec ferveur à la fête du 27 courant. »

Vient ensuite le dispositif prescrivant un jour de jeûne (le 24 mai) et des prières publiques dans les églises et chapelles.

Sainte-Marie-Majeure est le plus ancien et le plus magnifique sanctuaire placé sous le vocable de la Très Sainte Vierge ; nous avons le bonheur de faire la sainte communion devant l'autel conservant les vénérables restes de la crèche du Saint Enfant Jésus.

Cette relique si précieuse est dans un magnifique reliquaire représentant Notre-Seigneur enfant, couché dans un berceau de vermeil, enrichi de bas-reliefs et de ciselures du même métal.

La crèche n'a plus sa forme primitive. Les cinq petites planches qui en composaient les parois sont réunies ensemble ; elles sont minces, d'un bois noirci par le temps, et peuvent avoir deux pieds et demi de longueur sur quatre ou cinq pouces de largeur. Une seule fois par an, le 24 décembre, on expose aux regards des fidèles cette sainte relique, qui, dès le lendemain après la messe de l'aurore, est de nouveau renfermée dans le trésor.

Une heure ne suffit pas pour admirer les richesses de Sainte-Marie-Majeure ; il faudrait des journées entières, et c'est à peine si nous pouvons entrevoir la chapelle Borghèse, renfermant l'un des portraits de la Sainte Vierge attribués à saint Luc ; nous arrêter un instant devant les tombeaux de Paul V et de Sixte V, parcourir du regard les belles mosaïques symbolisant et rappelant la vie de la Très Sainte Vierge et de son divin Fils.

C'est à regret que nous quittons ce pieux sanctuaire. Nous jetons un coup d'œil sur la statue en bronze de la Sainte Vierge élevée sur une belle colonne d'ordre corinthien, décorant la place de Sainte-Marie-Majeure et nous nous rendons à Saint-Pierre-du-Vatican.

En passant le Tibre, nous admirons le château Saint-Ange, si rempli de souvenirs historiques; nous traversons la place Saint-Pierre avec sa colonnade, son fameux obélisque, ses fontaines. Mais ce qui attire surtout nos regards, c'est l'immense peinture placée à la façade de la basilique et représentant dans la gloire les Bienheureux Zaccaria et Fourier, qui seront canonisés jeudi prochain. Nous franchissons le portique, décoré par les statues équestres de Constantin et de Charlemagne, et nous pénétrons dans l'église.

Les préparatifs que l'on fait pour les fêtes de la canonisation ne permettent pas de jouir du coup d'œil d'ensemble de ce vaste édifice, ni d'en admirer les détails d'architecture, les peintures et les précieuses mosaïques. Tout l'intérieur de la basilique est recouvert de draperies or et rouge ; d'immenses lustres surmontés de cierges innombrables s'élèvent de tous côtés ; les ouvriers vont et viennent, et, dans quelques heures, l'entrée de Saint-Pierre sera entièrement interdite aux visiteurs.

Nous prions devant l'autel de la Confession, où reposent les restes précieux du prince des Apôtres; nous mesurons du regard l'immense coupole, chef-d'œuvre du génie hardi de Michel-Ange ; nous passons devant les chapelles de la Pietà (1), de la Colonne, de Saint-Sébastien, du Saint-Sacrement, etc., etc.

Nous nous rendons ensuite à Saint-Jean-de-Latran, la mère et la première des églises de la ville et du monde entier, ainsi que l'atteste l'inscription gravée sur les murs : *Sacrosancta Lateranensis ecclesia omnium urbis et orbis ecclesiarum mater et caput*. La façade, la plus belle des églises de Rome, est surmontée des statues de Notre-Seigneur et de quatorze saints. Elle est percée de cinq arcades ; au milieu est la loggia d'où le Pape donnait jadis la bénédiction apostolique, le jour de l'Ascension. Cinq portes donnent accès à la basilique ; la première à droite est celle du jubilé. L'intérieur est une croix latine à cinq nefs avec les chapelles Orsini, Massini, Aldobrandini et Corsini,

(1) Groupe célèbre sculpté par Michel-Ange, à vingt-quatre ans.

la plus belle de toutes. Parmi les reliques, il faut citer surtout la Table sur laquelle Notre-Seigneur célébra la dernière Cène et institua la très sainte Eucharistie. Les chefs de saint Pierre et de saint Paul sont placés sous le maître-autel, qui est surmonté d'un riche baldaquin.

Le cloître de Saint-Jean-de-Latran est une magnifique création du XIIe ou du XIIIe siècle. Il présente une vaste cour carrée, entourée d'un portique couvert, soutenu par des colonnettes richement ornées de délicates mosaïques et dont les chapiteaux sont presque tous d'un dessin différent.

Le Baptistère de Saint-Jean-de-Latran, bâti par Constantin lorsqu'il reçut le baptême des mains de saint Sylvestre, est de forme octogone. Huit colonnes de porphyre soutiennent une architecture antique, des peintures à fresque, se rapportant au premier empereur chrétien, représentent l'apparition de la Croix, — la déroute de Maxence — le triomphe de Constantin — la destruction des idoles. — Huit beaux tableaux ont trait à la vie de saint Jean-Baptiste.

Nous remettons à un autre jour la pieuse montée de la Scala Sancta, et nous nous hâtons pour faire, avant la tombée du jour, notre dernière station à l'église de Sainte-Croix-en-Jérusalem.

Cette basilique, à trois nefs séparées par d'énormes pilastres et par huit colonnes de granit égyptien, est due à la piété de sainte Hélène, mère de Constantin-le-Grand, qui y fit déposer les reliques insignes de la vraie Croix découvertes à Jérusalem. Le trésor renferme encore d'autres précieuses reliques : deux épines de la couronne de Notre-Seigneur, minces, fort longues et dures ; le doigt de saint Thomas avec lequel il sonda les plaies de Jésus ; le titre de la Croix. Une belle statue rappelle la pieuse mère de Constantin ; des peintures représentent son débarquement en Terre-Sainte, le contact de la Croix ressuscitant un mort, la Croix portée à Rome, l'adoration du bois sacré, etc.

Dimanche 23. — Une première messe est dite par M. l'abbé Bureau au couvent des Ursulines, puis nous allons à une superbe grand'messe en musique dans l'église du Gesù, l'une des plus belles et des plus riches de Rome. Nous admirons particulièrement l'autel de Saint-Ignace (sous lequel repose son précieux corps) avec ses grandes colonnes revêtues de lapis-lazuli et rayées de bronze doré, le magnifique groupe en marbre représentant la Sainte Trinité, la belle statue en argent massif du fondateur de la Compagnie de Jésus, les chapelles de Saint-François Borgia et de Saint-François Xavier.

Fondatrice de la Congrégation de Notre-Dame.

Dans la soirée, S. E. le Cardinal Parocchi, vicaire de S. S. Léon XIII, supérieur et protecteur de nos Ursulines, vient assister au Salut au couvent, puis il réunit les religieuses Ursulines et leurs hôtes et les entretient longuement, dans un français élégant et correct, d'une manière aussi aimable qu'élevée.

Après avoir rappelé l'importance de l'œuvre de saint Pierre Fourier et de sainte Angèle de Mérici, surtout à notre époque, le saint prélat ajoute :

« Il ne faut pas que la vie active fasse perdre la « vie d'union avec Dieu ; il faut toujours trouver « Jésus dans le cœur d'une religieuse institutrice, « comme il est dit de sainte Gertrude. Les religieu- « ses de Notre-Dame doivent puiser à l'occasion « de la grande solennité qui se prépare, une aug- « mentation de zèle, d'abnégation, d'humilité. « Elles ont bien mérité de leur Père, il est juste « qu'elles assistent à son triomphe. »

Nous sommes heureuses de constater l'intérêt plein de sympathie que le Vicaire de Sa Sainteté montre pour notre Congrégation ; il est le Cardinal ponent de la cause de béatification de notre vénérée Mère Alix, et nous sommes remplies d'une douce espérance en la sachant entre ses mains. Ajoutons que le Cardinal Parocchi aime beaucoup la France, qu'il est au courant de tout ce qui s'y passe et qu'il s'y intéresse vivement.

La soirée se termine par une charmante réunion des membres des diverses Communautés (1).

Lundi 24 mai. — Le R. P. de Coëtlosquet, abbé de Saint-Maur-en-Anjou, nous dit la messe dans la catacombe de Saint-Calliste, près de l'endroit où fut retrouvé le corps de sainte Cécile. Les religieux Trappistes, qui ont la garde du cimetière, nous servent la chocolata, (2) puis deux d'entre eux nous font visiter en détail la catacombe.

La catacombe de Saint-Calliste est la plus vaste et peut-être la plus importante de toutes celles qui entourent la ville de Rome. On y descend par un vaste escalier; le vestibule qui s'offre immédiatement à la vue est couvert d'inscriptions en caractères grecs ou latins, dues aux pieux pèlerins qui visitent ces saints lieux depuis le temps de Constantin. Nous nous dirigeons d'abord vers la célèbre crypte découverte en 1851 par M. de Rossi. On

(1) Les Ursulines italiennes ont conservé un pied-à-terre dans l'ancien monastère dont elles ont été expulsées; trois d'entre elles y demeurent toute la semaine et viennent passer quelques heures tous les dimanches dans le monastère de Villa Maria.

(2) Ce jour-là on faisait, par anticipation, le jeûne prescrit à Rome à l'occasion de la canonisation; on l'avait avancé à cause de la fête de saint Philippe de Néri, qui se célèbre le 26 mai.

y voit les fragments des pierres sépulcrales de saint Eutychien — de saint Anthère — de saint Fabien et d'autres pontifes romains. C'est là que les papes et les fidèles des premiers siècles célébraient les louanges de Dieu, couronne et récompense des Martyrs.

Deus tuorum militum
Sors, et corona, præmium.

Nous aussi, nous voulons faire entendre nos voix dans cette crypte : prêtres, religieuses et élèves de Notre-Dame, nous chantons de tout notre cœur le *Magnificat*, et les échos répercutent longuement ces sons pieux.

A gauche de cette crypte, un étroit couloir conduit à la chapelle de Sainte-Cécile, sanctuaire également retrouvé par l'infatigable archéologue que nous avons déjà nommé. On aperçoit sur la muraille l'image d'une jeune femme parée et chargée de colliers et de bracelets, tels qu'en devait porter seulement une très noble et très opulente dame romaine. Ce ne peut être que sainte Cécile. Un peu plus bas, sur cette même muraille, on voit la figure du pape saint Urbain, en habits pontificaux ; le grand sarcophage que l'on rencontre plus loin renfermait certainement les restes du saint martyr.

Parmi les nombreuses chapelles que nous visitons, celle qu'on désigne sous le nom de chapelle des Sacrements est surtout digne d'attention à cause de ses fresques. Dans l'une, le Bon Pasteur porte un agneau sur ses épaules ; de chaque côté, on aperçoit des brebis qu'un apôtre cherche à ramener à son Maître ; une brebis tourne le dos avec un air de dédain ; une autre écoute et regarde attentivement ; une troisième, indifférente, broute l'herbe ; mais la pluie du Ciel tombe sur toutes.

Dans une autre fresque, Moïse frappe le rocher. Ailleurs Jésus-Christ, entre deux disciples, multiplie le pain et les poissons. Si le Bon Pasteur nous rappelle le sacrement de Pénitence, l'eau qui jaillit du rocher nous parle du Baptême, et la multiplication des pains, de la sainte Eucharistie.

D'autres fresques, toutes remarquables par leur haute antiquité (elles remontent en grand nombre au premier et au deuxième siècles) captivent longuement notre attention ; nous observons celles de Job, de Noé, de Jonas, du paralytique emportant son grabat.

Nous ne pouvons laisser inaperçue la chapelle de saint Corneille, pape et martyr, dont la fête se célèbre le 16 septembre avec celle de saint Cyprien martyr, qui versa son sang pour la foi en Afrique. Ce fut en 1851 que les fouilles faites sous l'habile direction de M. de Rossi amenèrent la découverte de la pierre tumulaire de saint Corneille, et d'une peinture grossière représentant le saint Pontife ainsi que saint Cyprien, tenant tous les deux en main le livre des Évangiles.

Cette visite si intéressante des catacombes prend plusieurs heures, et nous sommes obligées de nous faire violence pour nous arracher à ces lieux souterrains où règne le silence, et où la contemplation est si salutaire.

Notre journée se termine par une excursion à l'église de Saint-Paul-aux-Trois-Fontaines. On y voit la colonne qui a servi au supplice de l'apôtre, et les trois fontaines qui ont jailli après sa mort. Nous puisons de cette eau salutaire et nous l'emportons avec soin.

Mardi 25 mai. — Nous assistons dans l'église Saint-Pierre-aux-Liens, à la sainte messe dite par M. l'abbé Bureau, sur l'autel renfermant les précieuses chaînes qui lièrent le prince des Apôtres, à Jérusalem, par les ordres d'Hérode, et à Rome, par ceux de Néron. Ces deux chaînes ayant été rapprochées l'une de l'autre, se joignirent aussitôt miraculeusement, et le pape saint Léon, de concert avec l'impératrice Eudoxie, édifia, pour contenir les précieuses reliques, l'église de Saint-Pierre-aux-Liens, qui est aussi connue sous le nom de basilique Eudoxienne.

Elle est desservie par les Chanoines Réguliers de Latran qui nous en font admirer les beautés. Vingt-deux colonnes antiques d'ordre dorique partagent l'église en trois nefs ; les chapelles sont ornées de beaux tableaux, entre autres un saint Augustin du Guerchin ; les marbres sont d'une diversité et d'un éclat extraordinaires, mais ce qui excite surtout l'admiration, c'est la fameuse statue de Moïse par Michel-Ange, destinée dans l'origine, à orner le tombeau de Jules II (1).

Le couvent voisin de la basilique est devenu, depuis l'invasion, le siège de la Faculté des sciences physiques et mathématiques de l'Ecole d'application, et les Chanoines Réguliers de Latran qui l'occupaient ont été s'établir dans la Via San-Martino-al-Macao. Nous visitons leur nouvelle demeure et nous admirons la charmante église dont la construction vient d'être achevée (2). C'est

(1) Ce Pape repose dans la chapelle du Saint-Sacrement à l'église de Saint-Pierre-du-Vatican.

(2) Elle a été consacrée par S. E. le cardinal Parrochi, le 21 novembre 1896.

la première église de Rome dédiée à la Sainte-Famille, dévotion si recommandée par Sa Sainteté Léon XIII (1). Dans l'abside, au-dessus du chœur, se trouve une gracieuse peinture qui représente l'Enfant Jésus âgé de douze ans, ayant à ses côtés la sainte Vierge et saint Joseph (2).

Le peu de temps dont nous disposons ne nous permet qu'un arrêt bien court dans les églises de *Sainte-Praxède*, possédant la précieuse colonne de la flagellation ; de *Sainte-Pudentienne*, conservant la table de bois sur laquelle le prince des Apôtres offrit souvent le sacrifice de la messe ; de *Notre-Dame-des-Anges*, remarquable par sa richesse et les splendides peintures qui ornent le plafond ; de *Sainte-Marie-de-la-Victoire*, rappelant le grand triomphe remporté par Maximilien de Bavière sur les protestants à la bataille de Prague en 1620 (3).

(1) Dans son encyclique *Sapientiæ christianæ*, du 10 janvier 1890, Léon XIII exprime le désir que tous les foyers chrétiens soient décorés de l'image de la Sainte-Famille de Nazareth, et que tous, parents et enfants, prennent pour modèles et pour patrons Jésus, Marie, Joseph.

(2) Dans cette église a été érigée, le 17 décembre 1897, une confrérie de l'Enfant Jésus, en souvenir de celle qu'avait fondée saint Pierre Fourier en 1635.

(3) A cette bataille le vénérable Dominique de Jésus et Marie carme déchaussé, portait l'image de Marie et chantait : « *Gaude, Maria virgo, cunctas hæreses sola interemisti.* »

La visite du cimetière des Capucins offre un grand intérêt. En sortant du chœur de leur église, piazza Barberini, on descend par un étroit escalier dans de vastes caveaux bien éclairés, dont le plain-pied est accidenté par des fosses surmontées d'une petite croix, tandis que la voûte et les parois sont ornées d'ossements humains qui forment des dessins, des rosaces, des guirlandes et même des lustres suspendus. Le pourtour des caveaux est garni de tibias rangés avec symétrie et formant, de distance en distance, des niches spacieuses, ou des *loculi*, semblables à ceux des catacombes. Là, dans l'attitude de la prière ou du sommeil, apparaissent des morts anciens ou nouveaux, revêtus de leur robe grossière, le crucifix à la main. Dans une des dernières chapelles on aperçoit les squelettes de deux jeunes princes Barberini qui soutiennent une couronne.

Cette promenade au milieu des dépouilles de la mort est aussi émouvante que possible ; ce n'est pas la bruyante danse des morts de Nuremberg, c'est un pèlerinage doux et silencieux qui porte l'âme au recueillement et à la prière. Le « *Memento homo, quia pulvis es et in pulverem reverteris* » n'a rien d'effrayant et remplit le cœur chrétien de célestes espérances.

Nous hâtons le pas, car l'heure des *Ave Maria* (1) approche, et nous voulons terminer la journée par une visite au Santo Bambino de *Sainte-Marie in Ara Cœli*. Cette église desservie par les Frères Observantins, s'élève sur l'emplacement même du temple de Jupiter Capitolin et remonte à une haute antiquïté. On y monte par un large escalier de cent vingt-quatre marches.

« Par sa position, dit Mgr Gaume, elle domine la Ville Eternelle et annonce que le sceptre du monde a changé de maître. Porté jadis par le démon, cruel, impur et sanguinaire, ennemi du genre humain, il est aujourd'hui l'apanage d'une Vierge douce, pure et clémente, fille de l'homme et mère de Dieu, refuge des pécheurs et reine des Anges. Si les dépouilles des nations suspendues au temple de Jupiter avaient fait nommer cet édifice le bazar de la Victoire, pour la même raison l'église d'*Ara Cœli* mérite ce glorieux titre. Vainqueurs de tout le reste, Jupiter et César apparaissent en vaincus. Le maître de l'Olympe est obligé de céder la place à Marie, et César fournit les ornements de son triomphe. L'église, à trois nefs, est supportée par vingt-deux colonnes qui sont autant de

(1) Heure du coucher du soleil, après laquelle il n'est pas prudent de rester dehors ; à Rome, la fraîcheur du soir occasionne souvent la fièvre.

dépouilles prises de toutes parts dans les temples et dans les palais de l'ancienne Rome. La voûte a été dorée avec l'or pris sur les Turcs à la bataille de Lépante. »

Nous passons rapidement devant plusieurs chapelles dédiées à saint François d'Assise, saint Bernardin de Sienne, saint Jean Capistran, saint Antoine de Padoue et à d'autres Saints qui ont eu une dévotion spéciale pour l'Enfant Jésus, et nous arrivons enfin à la sacristie où l'on vénère le *Santissimo Bambino*. Là, nous nous prosternons aux pieds du divin Enfant Jésus, tant honoré par les religieuses et les élèves de la Congrégation de Notre-Dame et nous lui exprimons notre respect, notre reconnaissance, notre amour surtout.

La statue du Santissimo Bambino fut taillée, dit-on, au XVIe siècle, dans un arbre du jardin des Oliviers, par un religieux de l'Ordre de Saint-François et transportée à Rome. Les vêtements magnifiques ornés de perles et de pierres précieuses dont il est paré, témoignent de la vénération et de la reconnaissance du peuple romain pour le divin Enfant, tandis que les nombreux ex-voto qui décorent son sanctuaire publient ses bienfaits.

Avant de quitter l'église, nous visitons la chapelle de Sainte-Hélène où se trouve le tombeau de la Sainte en très beau granit (1). Sur la frise circulaire du baldaquin on lit l'inscription suivante en latin : « Cette chapelle appelée *Ara Cœli* est, « suivant la tradition, bâtie au lieu même où l'on « croit que la Très Sainte Vierge, mère de Dieu, « tenant son Fils entre ses bras, se fit voir à l'em- « pereur Auguste au milieu d'un cercle d'or. » Certains historiens disent même que l'empereur frappé de ces paroles de l'oracle d'Apollon : « Un enfant hébreu, Dieu lui-même et maître des dieux, me force à quitter la place », fit ériger au Capitole un autel à l'Enfant-Dieu avec cette inscription : *Ara primogeniti Dei* : Autel du premier-né de Dieu. La sibylle de Tibur consultée par Auguste pour savoir s'il devait permettre qu'on l'honorât comme Dieu aurait, dit-on encore, fait entendre ces paroles : « C'est ici l'autel du Fils de Dieu. »

Ce souvenir s'est perpétué, car chaque année, pendant l'octave de Noël, les religieux de l'*Ara Cœli* chantent après complies l'antienne suivante :

Stellato hic in circulo
Sibyllæ tunc oraculo
Te vidit rex in cœlo.

(1) Un monument profane attire aussi notre attention, c'est la chaire de Cicéron.

« Sur l'oracle de la Sibylle, l'empereur t'a vue ici au ciel, dans un cercle constellé. »

Mercredi 26 mai. — Veille du grand jour !... Notre journée est consacrée autant que possible, à la prière et au recueillement pour nous préparer à la grande solennité de demain.

En nous endormant hier, notre dernière pensée avait été pour le *Santissimo Bambino d'Ara Cœli*, aujourd'hui l'insigne faveur nous est accordée de faire la sainte communion dans la chambre de saint Ignace (1).

Cette pièce, transformée en chapelle, a si peu d'élévation qu'il a fallu enlever une partie du plafond pour pouvoir placer convenablement des chandeliers sur l'autel ; mais que de souvenirs rappelle ce pieux sanctuaire ! Quel parfum de solide piété et de dévouement inaltérable à la cause de l'Eglise s'en exhale ! Ici a vécu et est mort le fondateur de la Compagnie de Jésus ; ici ont été conçus tant de projets de zèle et de charité aussi vastes que le monde ; ici est aussi mort saint François de Borgia. C'est sur ce même autel, que saint Charles Borromée a dit sa première messe, que saint

(1) A la demande de la Révérende Mère Supérieure du Monastère des Oiseaux, la messe nous est dite par le T. R. P. Billot, Supérieur des Pères de la Compagnie de Jésus à Rome.

François de Sales a plusieurs fois célébré les saints mystères.

Toute la pièce est tapissée de soie rouge et ornée de tableaux représentant saint Ignace, saint François de Sales, saint Charles, saint Alphonse Rodriguez, avec de précieux autographes du fondateur de la Compagnie de Jésus et d'autres saints personnages.

L'autel est surmonté d'une Madone au regard grave et tendre à la fois. Nous visitons également la chambre où saint Ignace écrivit ses immortelles *Constitutions* ; nous examinons avec vénération les pieux souvenirs qui s'y trouvent, et nous répétons après le Saint : « Que la terre me paraît vile quand je regarde le Ciel ! »

Nous prions d'une manière particulière dans la belle *église de Saint-Ignace*, devant les autels des angéliques patrons de la jeunesse, saint Louis de Gonzague, saint Stanislas Kostka et saint Jean Berchmans. Nous faisons une courte visite à *Saint-Julien-des-Flamands* qui est, fort probablement, la plus ancienne fondation nationale à Rome, puisqu'elle a été faite en 713, sous Pépin d'Héristal. L'église de Saint-Julien est d'architecture grecque et de forme ovale ; on voit dans les peintures du plafond la sainte Vierge élevée en gloire et entourée des armoiries de la Flandre et des villes de Bruges, de Gand et d'Ypres.

Nous aimons à rappeler, à propos de l'église de *Saint-Julien-des-Flamands*, la sympathie toute particulière que le Souverain Pontife porte à la Belgique. Il y séjourna, il y a plus de cinquante ans, en qualité de Nonce apostolique, et depuis il a toujours suivi avec le plus vif intérêt les vicissitudes, les luttes, les tristesses et les joies de ce petit pays si profondément attaché à la religion. Plus d'une fois aussi, Sa Sainteté Léon XIII a applaudi au triomphe du parti du bien en Belgique, et a encouragé ses habitants dans leurs sacrifices si généreux, faits en vue de l'éducation chrétienne de l'enfance et de la sanctification du dimanche (1).

Puis nous assistons à la grand'messe dans l'*église de Saint-Philippe-de-Néri*, splendidement décorée à cause de la fête qui se célèbre aujourd'hui avec une grande solennité dans toute la ville de Rome. Enfin notre journée de récollection se termine par

(1) Léopold Ier, que les Cours d'Europe appelaient le *Nestor des rois*, écrivait après un règne de vingt-cinq ans : « Le spectacle est beau de voir un pays reconnaissant après un règne déjà si long ; Dieu aidant, j'espère encore rester son pilote !...

N'est-il pas juste d'ajouter : « Le spectacle est beau de voir un pays luttant avec courage et persévérance pour le maintien des principes vrais du christianisme ; Dieu aidant, la victoire ne sera pas passagère, mais durable !... »

deux pieuses excursions : la montée de la *Scala Sancta* et la visite des souvenirs de saint Benoît-Joseph Labre.

La *Scala Sancta* (l'Escalier Saint) est l'escalier du palais de Pilate à Jérusalem. Notre-Seigneur le monta et le descendit quatre fois dans la matinée du jour de sa Passion : d'abord en arrivant chez le gouverneur romain, ensuite en allant chez Hérode et en revenant, enfin portant la couronne d'épines, après avoir été condamné à mort. Il est formé de vingt-huit marches en marbre blanc veiné (1).

Une tradition immémoriale rapporte que ce fut sainte Hélène qui le fit venir de Jérusalem. On monte la *Scala Sancta* à genoux, et de nombreuses indulgences sont attachées à cette pieuse dévotion; de chaque côté se trouve un autre escalier par lequel descendent les pèlerins.

Quand on a gravi le Saint Escalier, on arrive au sanctuaire *Sancta Sanctorum*, ancien oratoire particulier des Souverains Pontifes, qui l'ont enrichi d'un grand nombre de reliques précieuses. On y vénère la célèbre image de Notre-Seigneur, de grandeur naturelle, peinte sur bois de cèdre ou

(1) Les marches saintes sont recouvertes en forts madriers de noyer.

d'olivier, commencée, selon la légende, par saint Luc et terminée par les anges.

Une inscription gravée sur l'architrave du *Sancta Sanctorum* apprend au pèlerin quels riches trésors renferme cette chapelle : « *Non est in toto sanctior orbe locus.* » Il n'est point de lieu plus saint que celui-ci dans le monde entier.

La vue de la chambre (1) où mourut saint Benoît-Joseph Labre, ce fidèle imitateur du Christ, fait une profonde impression. Elle est devenue un sanctuaire où affluent de nombreux pèlerins. On a entouré d'une balustrade le lieu où expira le Saint, qu'on a reproduit d'une manière attendrissante ; des vitrines conservent ses pauvres haillons, son sac et son bâton de voyage, son livre d'heures et quelques autres misérables objets qui lui ont appartenu.

A Rome, où le saint mendiant français passa de longues années, il n'avait guère d'autre asile que le Colisée, où il se retirait pendant la nuit et où chaque jour il faisait avec ferveur les stations du chemin de la croix.

Il passait des heures entières à la Madonna de' Monti et vivait d'aumônes et de débris ramassés

(1) Via de' Serpenti, nº 3.

sur la voie publique. Sa vie était un martyre perpétuel de pénitence et une continuelle oblation de prières. La dévotion extraordinaire de saint Benoît-Joseph Labre envers le Dieu de l'Eucharistie, l'attirait surtout dans les églises où l'on célébrait les Quarante-Heures. Immobile, muet, les yeux baissés ou fixés avec vénération et amour sur le Dieu caché, objet de toutes ses tendresses, il apparaissait comme l'image de la foi et de l'adoration, et touchait par son aspect les cœurs les plus indifférents.

Aussitôt après la mort du pauvre pèlerin d'Amettes, (ancien diocèse de Boulogne, dans la basse Picardie), l'enthousiasme du peuple de Rome le proclamait saint, et un siècle ne s'était pas écoulé que la voix du Souverain Pontife le plaçait sur les autels (1), donnant ainsi à notre siècle si attaché aux richesses, aux honneurs et aux plaisirs, un exemple admirable du mépris des choses d'ici-bas.

Jeudi 27 mai. — Journée inoubliable à laquelle nous consacrons le chapitre suivant.

Vendredi 28 mai. — A l'extrémité du Transtevère, une chapelle porte cette inscription : *Hæc*

(1) Saint Benoît-Joseph Labre est mort en 1783 et a été canonisé par Léon XIII, le 8 décembre 1881.

est domus in qua orabat sancta Cecilia. — C'est ici la maison dans laquelle priait sainte Cécile. — C'est dans ce sanctuaire, qui remplace le palais où vivait au commencement du IIIe siècle la célèbre vierge et martyre, que nous avons le bonheur d'assister à la messe, dite par M. l'abbé Bureau à l'autel renfermant les reliques de la Sainte. Une touchante et expressive statue de la martyre, la représentant dans la position où elle fut trouvée après sa mort, est placée au centre de la confession dans une niche oblongue dont tous les abords sont incrustés d'onyx, de lapis-lazuli et des marbres les plus précieux.

L'église actuelle conserve encore des restes de l'immense basilique construite par Urbain Ier sur l'emplacement même où mourut sainte Cécile. C'est avec un grand intérêt que nous visitons le *Caldarium*, lieu du martyre, que nous examinons la chaudière en plomb et les tuyaux en terre cuite donnant passage à la vapeur.

Nous remarquons dans la grande cour qui précède l'église un immense vase en marbre (cantharus) qui décorait l'atrium de la basilique primitive ; puis nous nous rendons au couvent des religieuses bénédictines que Clément VII a établies les gardiennes des reliques de sainte Cécile, en leur donnant l'église et le monastère attenant.

Avant de rentrer chez nos chères Ursulines, nous faisons une longue excursion dans les jardins du Pape ; ils sont fort étendus, très bien cultivés, et l'on y jouit d'un magnifique panorama sur toute la ville de Rome. Mais combien le cœur est serré à la pensée que c'est à cela que se bornent les possessions actuelles du Pontife-Roi...

Notre sortie habituelle du soir nous conduit à l'église Saint-Augustin qui nous est particulièrement chère à cause de notre titre de Chanoinesses de Saint-Augustin ; nous y prions longuement devant l'autel de Sainte-Monique, dont le corps est conservé dans une magnifique urne de vert antique, et devant une belle copie de Notre-Dame du Bon Conseil, la Vierge si chère à Pie IX et aux religieux Augustins. Impossible de nous arrêter devant ce tableau sans songer à notre Révérende Mère Marie-des-Anges, qui mourut en 1885, le jour même de la fête de Notre-Dame du Bon Conseil.

Samedi 29 mai. — Aujourd'hui, dernier samedi du mois de Marie, la douce joie nous est donnée d'assister à la sainte Messe devant l'image de la Madone nommée *Mater admirabilis.* Cette fresque, exécutée en 1844, sur les murailles d'un vaste corridor du couvent du Sacré-Cœur, représente la sainte Vierge vers l'âge de quatorze ans, filant dans les parvis du Temple. Sa corbeille à ouvrage et son livre entr'ouvert indiquent ses laborieuses et studieuses occupations. La physionomie de la Bienheureuse Vierge est si admirable et si attachante, qu'il n'est pas étonnant que le corridor renfermant cette précieuse image soit devenu un sanctuaire visité par Pie IX et enrichi par lui de nombreuses indulgences. Les parois de cette pieuse chapelle sont couvertes d'ex-voto ; les cardinaux, les évêques et les prêtres qui visitent Rome, aiment à y offrir le saint sacrifice.

Nous parcourons la belle église de la Trinité-du-Mont et les vastes jardins du couvent du Sacré-Cœur, dont la Supérieure nous fait les honneurs avec une exquise et religieuse amabilité.

Nous entrevoyons rapidement divers autres pieux sanctuaires : *Sainte-Marie-du-Peuple* renfermant une image miraculeuse de la sainte Vierge attribuée à saint Luc, et la fameuse chapelle *Chigi* dédiée à Notre-Dame de Lorette, l'une des plus renommées de Rome, dessinée et bâtie par Raphaël ; *Sainte-Marie-in-Via-Lata*, église cardinalice de notre saint archevêque de Paris, S. E. le cardinal Richard, où nous sommes heureuses de trouver son portrait et la belle statue en marbre blanc de sainte Geneviève, dont il a fait présent à l'église, et *Saint-Charles-au-Corso* conservant le cœur du grand archevêque de Milan (1).

Dans la soirée, nous faisons une visite à S. E. le cardinal Aloisi-Masella, ponent de la cause de saint Pierre Fourier, actuellement préfet de la Congrégation des Rites. Il se montre très aimable, baise avec vénération l'image du nouveau saint, que nous lui remettons de la part de notre Mère Supérieure, et la met précieusement dans son bréviaire.

Notre dernière station est à Saint-Louis-des-Français, notre plus grande église nationale à Rome, bâtie en 1589, aux frais de Catherine de Médicis. On y célèbre le premier triduum en l'honneur de saint Pierre Fourier, le nouveau saint français, et c'est justice. L'église est magnifiquement décorée et entièrement recouverte à l'intérieur par des tentures rouge et or.

Après avoir assisté aux vêpres chantées, où nous reconnaissons avec joie l'*oremus* en l'honneur du Bienheureux Pierre, que nous récitons

(1) Ce saint est encore honoré à Rome dans la petite église Saint-Charles-aux-Quatre-Fontaines, et dans la magnifique église de Saint-Charles a' Catinari, desservie par les Clercs réguliers de Saint-Paul, dits Barnabites ; on y vénère la Madone connue sous le nom de la Divine Providence.

depuis de si longues années, nous entendons un beau panégyrique prononcé par Mgr Enard, évêque de Cahors et compatriote de saint Pierre Fourier.

L'orateur présente le saint comme modèle des curés, et rappelle successivement les vertus qui l'ont caractérisé : la prière, le zèle des âmes et la mortification. Il raconte divers traits de la vie du saint prêtre et cite plusieurs de ses paroles, entre autres celle-ci : « Nous avons un bon Maître et une bonne Maîtresse, » et il leur fait une double application, l'une dans le Ciel où nous avons, comme saint Pierre Fourier, un bon Maître et une bonne Maîtresse : Dieu et la Très Sainte Vierge ; l'autre sur la terre, où nous avons également un bon Maître et une bonne Maîtresse : le Souverain Pontife et la sainte Eglise catholique.

Nous ne quittons pas Saint-Louis-des-Français sans avoir prié d'une manière toute spéciale pour notre chère patrie et avoir imploré pour elle la protection du plus saint de nos rois. Nous nous plaisons à redire que, dans chacun des sanctuaires que nous visitons, nous invoquons d'une manière particulière les saints sous le vocable desquels ils sont placés, pour les personnes qui ont reçu leur nom, soit au baptême, soit à la profession.

Dimanche 30 mai. — C'est dans la silencieuse chapelle du couvent des Ursulines que nous assistons à la messe ; puis nous faisons quelques démarches pour nous assurer des places à l'audience que le Souverain Pontife donnera ce soir aux pèlerins lorrains.

Une courte visite au Colisée, que l'on ne peut laisser passer inaperçu dans un voyage à Rome, ne nous apporte que déception et regrets : les souvenirs de l'antiquité païenne et du temps des martyrs ont presque entièrement disparu, et l'on ne trouve plus rien de ce que l'on admirait encore il y a quarante ans. Les stations mêmes du chemin de la Croix, placées là où coula jadis le sang de tant d'athlètes chrétiens, ont été détruites, et le Colisée y a grandement perdu.

Dimanche soir. — Notre joie est au comble, nous avons vu de près le Vicaire de Jésus-Christ et nous avons reçu sa bénédiction paternelle.

Le pèlerinage lorrain, composé de plus de six cents personnes, avait été groupé dans l'immense galerie dite des Cartes géographiques. Les religieuses de Notre-Dame étaient placées dans la galerie des Tapisseries, à l'entrée de l'immense porte qui conduit du jardin au palais du Vatican.

Là, nous trouvons une nombreuse assistance,

entre autres quelques prélats français. Nous causons un moment avec S. E. le cardinal Langénieux qui évoque des souvenirs bien chers à nos cœurs : le dévoué cardinal Place, la tant aimée Mère des Anges qu'il a particulièrement connue.

Mgr Foucault, évêque de Saint-Dié, nous paraît tout heureux du triomphe de son diocésain, saint Pierre Fourier de Mattaincourt. Espérons qu'il vivra assez longtemps pour voir la béatification de Jeanne d'Arc et d'Alix le Clerc, deux vaillantes Lorraines dont nous aimons à associer les noms bénis.

Avertis que Sa Sainteté Léon XIII les attend, les prélats se rendent avec empressement dans les jardins du Vatican dont le Pape leur fait lui-même les honneurs. Enfin, il entre avec eux dans notre galerie.

Les regards du Souverain Pontife tombent d'abord sur les Filles de saint Pierre Fourier, regards profonds de deux grands yeux noirs, qui semblent lire jusqu'au fond de notre âme. Faisant arrêter la *sedia gestatoria*, il s'entretient pendant quelques instants avec nous, demande surtout des détails à la Mère Alexandra sur la guérison miraculeuse dont elle a été l'objet, appuie fortement la main droite sur notre tête pendant que nous baisons la gauche.

La joie extraordinaire que nous éprouvons nous rend presque muettes, et c'est à peine si nous pouvons implorer la bénédiction du Souverain Pontife pour toutes les chères absentes que nous représentons dans cet instant solennel, moment qui ne s'effacera jamais de la mémoire, mais trop court, hélas !

Le Vicaire de Jésus-Christ passe comme jadis le Sauveur à travers la foule, bénissant, consolant, encourageant !... Il s'arrête aussi près de nos élèves, les bénit d'une manière spéciale, surtout notre petite Blanca, qu'il considère avec une bienveillance particulière ; il s'avance, s'avance toujours, puis enfin disparaît au loin... et la vision du représentant de Jésus-Christ sur la terre a fini pour nous...

Nos chères élèves viennent dans la soirée nous faire leurs adieux ; leur temps a été si bien employé à Rome, qu'elles ont pu admirer à fond tous les chefs-d'œuvre tant religieux que profanes de la Ville Eternelle (1).

(1) A la visite des sanctuaires dont nous avons parlé précédemment, elles ont ajouté celle des galeries Borghèse, Barberini et du Capitole. Elles ont consacré de longues heures au Vatican, aux célèbres Stanze et

Elles partent demain matin pour Naples et Pompéï, tandis que nous reprendrons directement la route de la France.

Lundi 31 mai. — Après les joies célestes éprouvées pendant notre journée d'hier, nous n'avons plus rien à désirer, et pourtant de pieuses émotions nous attendent encore.

Ce matin, dernier jour du mois béni de la Très Sainte Vierge et fête de sainte Angèle de Mérici, fondatrice de l'Ordre de nos chères Ursulines, nous assistons à la sainte messe dite dans leur chapelle par S. E. le cardinal Parocchi.

Le saint sacrifice achevé, le Cardinal-Vicaire nous réunit une dernière fois et nous entretient tout particulièrement de la cause de béatification de notre vénérée Mère Alix dont il est le Cardinal ponent, circonstance qui nous remplit d'une douce et ferme confiance. En effet, tout porte à espérer que le prélat distingué, qui s'intéresse si vivement à toutes les questions de notre époque et en particulier à l'éducation de la jeunesse, et qui a

Loges de Raphaël et à la chapelle Sixtine. Elles n'ont pas oublié les Thermes de Caracalla, le Panthéon, le Château Saint-Ange, dont elles ont même fait l'ascension. Parmi leurs pieux souvenirs, elles citent encore : l'église de Sainte-Sabine, l'oranger planté par saint Dominique, le chêne du Tasse à l'ombre duquel le grand poète venait prier et méditer.

témoigné tant de sympathie aux Filles de saint Pierre Fourier, emploiera toute son influence pour hâter la glorification de leur première Mère et fondatrice.

Son Eminence nous bénit paternellement et, en notre personne, les chères Mères et Sœurs du Roule ; nous lui promettons que nos prières les plus ferventes s'élèveront souvent pour lui vers le Ciel.

Nous consacrons le reste de la matinée à visiter quelques pieux sanctuaires : la chambre transformée en chapelle où mourut l'angélique saint Stanislas Kostka, l'enfant privilégié de la Reine des Anges ; le couvent où sainte Françoise Romaine, fondatrice des Oblates qui portent son nom, termina sa vie dans la pratique des œuvres les plus sublimes de charité et de mortification, après avoir édifié le monde par l'éclat des plus rares vertus ; l'église des RR. PP. Rédemptoristes, où nous vénérons l'image miraculeuse de Notre-Dame du Perpétuel Secours.

Rentrées au monastère, nous commençons nos adieux : adieux à Rome et à tout ce que nous y avons vu et admiré ; adieux aux chères Ursulines qui nous y ont rendu notre séjour si agréable. Nous montons jusqu'à la vaste plate-forme du monastère. Quel splendide panorama s'étend sous nos yeux ! Nous reconnaissons avec une vraie satisfaction la plupart des édifices que nous avons visités ; nous contemplons la belle campagne qui avoisine la ville et nous distinguons au loin Calvi, la digne fille de Villa Maria.

En effet, un essaim d'Ursulines, établi dans cette petite localité dépourvue d'écoles, marche sur les traces de son aînée et a déjà récolté d'abondants fruits de son zèle apostolique.

Nous embrassons la chère Révérende Mère Aurélie, nous disons adieu à toutes les bonnes Mères et Sœurs Ursulines, et le soir, à dix heures, nous quittons Rome.

Mardi 1er Juin. TURIN. — Après avoir passé la nuit, partie à songer à toutes les merveilles que nous avons entrevues, partie à savourer d'avance le bonheur de nous retrouver chez nous, nous assistons à un magnifique lever du soleil d'Italie. Nous saluons de loin la vieille cité de Pise, si riche en souvenirs historiques ; nous entrevoyons en passant Gênes, la Superbe, et nous jouissons du coup d'œil admirable que présente la mer que nous côtoyons longtemps.

Vers deux heures, nous arrivons à Turin au couvent de la Visitation Sainte-Marie, où nous sommes accueillies comme des amies, comme des sœurs (1). Rien ne peut rendre l'affabilité des Filles de saint François de Sales et de sainte Chantal.

L'ouverture du mois du Sacré-Cœur faite dans leur sanctuaire béni et les heureux moments passés en leur société, compteront parmi les meilleurs souvenirs de notre voyage.

Aux doux parfums de la charité qu'exhalent les vertus des Visitandines viennent se mêler ceux de la pauvreté des Clarisses, car ce monastère fut construit, il y a plus de six cents ans, pour les religieuses de saint François et gouverné en premier lieu par Agnès, sœur de sainte Claire. Les cloîtres, les peintures et les inscriptions murales, tout y rappelle le patriarche d'Assise, tout y prêche le détachement, l'austérité, la pensée du ciel sur la terre !...

Nous vénérons la première image du Sacré-Cœur de Jésus, faite par la Bienheureuse Marguerite-Marie, en 1685, au monastère de Paray-le-Monial, et donnée à celui de Turin.

Mercredi 2 juin. — Après avoir assisté à la sainte messe dans la belle chapelle des Visitandines, nous passons encore avec elles quelques heures,

(1) Une ancienne élève du monastère des Oiseaux y est religieuse.

puis vient le moment de la séparation où se manifestent de véritables regrets, car les liens basés sur la charité se forment vite et sont forts comme la mort. Nous nous disons adieu pour ne plus nous revoir ici-bas.

Turin est notre dernier arrêt avant d'arriver à Paris. En nous rendant du couvent de la Visitation à la gare, nous nous arrêtons un instant pour visiter la chapelle du palais royal où l'on voit le saint Suaire, et nous prions devant l'autel qui renferme cette relique insigne.

Nous retrouvons à la gare notre Père Supérieur ; nous montons en wagon pour n'en descendre qu'à Paris, le jeudi 3 juin, à sept heures du matin.

Une heure après notre arrivée, nous sommes dans notre cher couvent du Roule, au milieu de nos bien-aimées Mères et Sœurs.

APOTHÉOSE DES NOUVEAUX SAINTS

Au frontispice de la basilique Vaticane, le 27 mai 1897.

CHAPITRE III

LE 27 MAI

Sommaire. — Saint-Pierre en fête. — L'illumination. — Les tentures. — Le trône pontifical. — Les étendards. — Le cortège. — Le Saint-Père. — L'acte de canonisation. — *Te Deum.* — La messe solennelle. — L'offertoire. — Le 27 mai au Roule.

« *Jour du Ciel sur la terre !* »

Ces simples mots, envoyés par télégramme au couvent du Roule, résument les impressions de cette journée mémorable entre toutes. On ne trouve pas de paroles pour exprimer les merveilles que les yeux ont entrevues, les harmonies célestes que les oreilles ont entendues, les émotions intimes que le cœur a ressenties ; on voudrait se taire pour y rêver encore...

Mais la pensée des personnes tant aimées qui n'ont pas assisté au spectacle à la fois grandiose et émouvant de la canonisation, nous engage à balbutier quelques mots.

Après une nuit passée dans la veillée d'une joyeuse attente, nous entendons la sainte messe, à quatre heures et demie, dans la chapelle du monastère de Villa Maria ; puis nous partons en voiture pour Saint-Pierre-du-Vatican. Grands sont les encombrements causés par le nombre incalculable de véhicules qui se croisent dans tous les sens ; grands les embarras occasionnés par une foule compacte de personnes, avides de pénétrer dans la basilique. C'est bien le lieu de dire : Tout doit se conquérir par le travail et par la lutte, même et surtout l'entrée de Saint-Pierre un jour de fête. Enfin ! vers huit heures, nous arrivons aux places qui nous ont été réservées dans la tribune de la postulation. Pendant une heure d'attente, nous admirons la splendide décoration de l'église Saint-Pierre. Les journaux en ont fait la description détaillée ; nous leur empruntons quelques passages propres à intéresser plus particulièrement nos chères lectrices.

Léon XIII a voulu que la double canonisation d'un saint italien et d'un saint français fût faite avec tout l'éclat possible dans l'église patriarcale ; il a tenu même à surpasser ce qui avait été accompli pour la dernière cérémonie de ce genre, célébrée en 1867 sous Pie IX, donnant ainsi à la Ville Eternelle et au monde catholique le spectacle de ces pompes grandioses dont Saint-Pierre était le théâtre avant 1870.

La basilique est illuminée *a giorno* dans toute son étendue, par plus de vingt mille cierges disposés en couronnes, de dimensions différentes, sur des lustres appendus à toutes les hauteurs. Le luminaire a son plus beau foyer dans la croix formée par le transept, où un triple rang de lustres entoure, comme d'une auréole céleste, au fond du *presbyterium*, le grand tableau transparent de l'apothéose des Saints, surmonté de l'auguste Trinité. La coupole resplendit à l'instar d'une immense tiare gemmée, entourée, comme de *flabelli* étincelants, de guirlandes de lustres se déroulant, d'une part, depuis le fond du *presbyterium* jusqu'au transept, d'autre part, depuis l'autel de la confession jusqu'aux portes de la basilique. Deux candélabres énormes dans le *presbyterium* et deux lampadaires dans les arceaux des nefs latérales du transept ajoutent leurs milliers de feux à ces clartés superbes... Dix autres lampadaires sont disposés sous chacune des arcades de la grande nef, où ils sont rejoints par les gerbes étincelantes des lustres en cristaux, dessinant des deux côtés de la nef des festons de lumière. Enfin, tout le long de la frise, sur l'interminable corniche qui aboutit à la coupole, des milliers et des milliers de cierges, disposés comme autant de corolles de fleurs sur des tiges à dégradation, achèvent de figurer les clartés du paradis.

Les marbres ont disparu sous les étoffes artistement plissées de damas et de brocatelle rouge, garnies de crépines et parsemées d'étoiles d'or, qui recouvrent les colonnes et les parois et longent même les corniches, mais sans déparer aucunement la majestueuse structure de l'édifice. Il a fallu pour cette décoration huit mille mètres de draperies, sans compter les galons et les franges en profusion, le tout harmonisé dans les trois couleurs dominantes : rouge, blanc et or.

Au fond de l'abside, devant l'autel de bronze de la Chaire de saint Pierre soutenue par les quatre grands docteurs de l'Eglise, mais dont la vue a dû être sacrifiée, est érigé le trône pontifical, qui n'a pas moins de vingt-sept mètres de haut sur vingt-trois en largeur. On y accède par sept gradins spacieux sur lesquels prendront place tout à l'heure les servants de la cérémonie, aux pieds du Pape. Au-dessus, dans une gloire de rayons dorés, plane la colombe symbolique du Saint-Esprit. Le fond du baldaquin est entièrement tendu d'une riche draperie de damas blanc et de velours cramoisi à crépines d'or, que soutiennent quatre anges dorés de proportions colossales.

Aux deux extrémités des degrés du trône, s'élèvent deux candélabres hauts de neuf mètres, dont la base est ornée du lion ailé, soutenant le livre mystique avec ces deux inscriptions, d'un côté : *Vicit Leo de tribu Juda* ; de l'autre : *Pax tibi, Leo, pontifex meus*. Des anges entourent le lion ; sur le chapiteau du candélabre, un autre ange, les ailes déployées, tient dans ses bras une corbeille de fleurs, du milieu de laquelle surgissent les branches soutenant les cierges.

Après cette partie essentielle de l'ornementation du temple, ce qui attire le plus l'attention, ce sont les quatre grands étendards où sont représentées les scènes des miracles approuvés pour la canonisation de saint Pierre Fourier et de saint Zaccaria. Ils ont chacun neuf mètres de haut sur six de large et sont appendus au centre des énormes piliers qui supportent la coupole de Saint-Pierre, faisant ainsi face aux quatre angles de l'autel de la Confession (1).

(1) Les monastères de l'Abbaye-aux-Bois et de Strasbourg, où les

Un cinquième étendard, plus grand encore, est placé au-dessus de la porte centrale de la basilique.

Les tribunes, au nombre de trente, sont des estrades peu élevées et recouvertes de tentures vertes ou rouges ; l'une d'elles est réservée aux descendants des familles des nouveaux Saints. On y remarque : MM. Henry Fourier de Bacourt, ministre plénipotentiaire (qui vient d'être créé comte romain par Sa Sainteté); Pierre Fourier de Bacourt, chef de bataillon d'infanterie; le comte Fourier d'Hincourt, colonel de cavalerie, etc.

Il est neuf heures. Les tribunes sont plus que combles et l'espace réservé au public aussi. Plus de trente mille personnes sont là, et le cortège pontifical qui va venir en comptera à lui seul quatre mille autres, pour le moins. A mesure que le moment solennel approche, le silence se fait graduellement et lorsque la tête de la procession, qui descend de la chapelle Sixtine, fait son entrée dans la basilique par la grande porte de Bronze, le calme succède à l'agitation qui régnait tout à l'heure.

miracles dus à l'intercession de saint Pierre Fourier ont été accomplis, possèdent actuellement les peintures qui rappellent : la première, la guérison de la Mère Alexandra ; la seconde, la guérison de la Sœur Françoise.

Comment faire la description de ce cortège, de ce défilé, composé des plus hauts dignitaires de la sainte Eglise et des représentants de tant de congrégations religieuses ? A la tête, comme toujours, les ordres religieux ; puis les séminaires romains et étrangers, dans leurs costumes si variés. Les collégiales de chanoines, les chapitres des basiliques mineures et majeures précèdent ensuite les membres de la Sacrée Congrégation des Rites et les délégations des Chanoines Réguliers de Notre-Sauveur, Ordre réformé par le Bienheureux Pierre Fourier, et des Clercs Barnabites fondés par le Bienheureux Zaccaria. Ces délégués portent deux étendards. Sur l'un est représenté le bon Père de Mattaincourt, distribuant des aumônes aux pauvres de sa paroisse (1) ; sur l'autre, saint Zaccaria fondant sa Congrégation.

Le cortège continue à se dérouler devant nos yeux. C'est, en ce moment, la chapelle pontificale, guidée par son maître des cérémonies ; viennent ensuite les collèges de la prélature, puis le clergé, revêtu des ornements sacrés ; les *ostiari*,

(1) Notre maison du Roule a le bonheur de posséder ce tableau dans la chapelle dédiée à Notre-Dame de la Providence. Le monastère des Oiseaux conserve aussi une peinture qui a figuré dans les fêtes de la canonisation, et où l'on a représenté saint Pierre Fourier offrant le saint sacrifice de la messe.

gardiens de la croix papale ; le sous-diacre apostolique ; les pénitenciers de la basilique Vaticane, etc., etc. Voici les abbés mitrés, les évêques, archevêques, primats, patriarches, cardinaux et grands dignitaires de la Cour pontificale.

Les évêques, parmi lesquels on remarque NN. SS. de Toulouse, Marseille, Saint-Claude, Saint-Dié, Cahors, Rodez, sont en chape lamée d'argent.

Les cardinaux, parmi lesquels LL. EE. Perraud et Langénieux, sont au nombre de cinquante, c'est-à-dire presque tout le Sacré-Collège actuel. Les cardinaux-diacres sont en dalmatique brodée d'or et mitre de damas, les prêtres en chasuble blanche brodée d'or et mitre de damas, les évêques en chape blanche et mitre également de damas blanc.

Enfin voici le Pape, le représentant de Jésus-Christ sur la terre..... Toutes les têtes s'inclinent avec respect, un silence profond s'établit ; mais le cœur de ces milliers de chrétiens ne peut se taire longtemps, et bientôt des acclamations enthousiastes saluent le Père commun des fidèles ; des mouchoirs s'agitent de toutes parts en signe d'allégresse. Le Souverain Pontife s'avance lentement porté sur la *sedia gestatoria* ; on dirait une blanche apparition glissant doucement dans les airs. Léon XIII, tenant un cierge de la main gauche, ne se lasse pas de bénir l'assistance avec la droite. Les acclamations de la foule ne cessent que lorsqu'il arrive vers le trône sur lequel il prend place.

Alors commence l'acte de canonisation proprement dit. Le Cardinal Aloisi-Masella, préfet de la Congrégation des Rites, s'agenouille devant Sa Sainteté et lui demande *instanter* (avec instance) de canoniser les nouveaux Saints. Avant de parler comme chef de l'Eglise, le Pape implore l'assistance divine. Il descend de son trône et, après s'être agenouillé au pied de l'autel, il fait entonner les *Litanies des Saints*. Le chant terminé, Sa Sainteté retourne à sa place et l'avocat répète *instantius* (d'une façon plus instante encore) la formule de l'instance. Le Pape fait répondre par son prélat secrétaire qu'on implore les secours du Saint-Esprit, source de sainteté et de lumière d'où doit découler la détermination qu'on attend. Les postulants retournent une seconde fois à leur place; le Souverain Pontife prie pendant qu'on chante le *Miserere*. Après quoi le Saint-Père se lève, les deux évêques assistants s'approchent, l'un tenant un cierge, l'autre le livre ouvert, Léon XIII entonne le *Veni, Creator* qu'il écoute à genoux dans une immobile et ardente prière. Après la dernière strophe, il se relève, récite l'*Oraison du Saint-Esprit* et se rassied.

Pour la troisième fois les postulants gravissent les premières marches du trône, et l'avocat répète une troisième fois, mais *instantissime* (d'une façon très pressante) la formule de l'instance.

Nos cœurs battent plus fort que de coutume : c'est le moment solennel du triomphe de notre Bon Père. En effet, le prélat secrétaire annonce que Sa Sainteté, sur l'assurance intime que la canonisation demandée avec tant d'instance est chose agréable à Dieu, veut enfin prononcer la sentence définitive.

A ces mots toute l'assistance se lève, et le Pape, mitre en tête, assis sur sa chaire en qualité de docteur et de chef de l'Eglise universelle, prononce d'une voix assez haute pour être entendue de tout le chœur et des tribunes qui l'enserrent, la sentence solennelle :

« *Ad (1) honorem Sanctæ, et individuæ Trinitatis, ad exaltationem Fidei Catholicæ et Christianæ*

(1) En l'honneur de la Sainte et Indivisible Trinité, pour l'exaltation de la foi catholique et pour l'accroissement de la religion chrétienne, par l'autorité de Notre-Seigneur Jésus-Christ, des bienheureux Apôtres Pierre et Paul et la Nôtre, après une mûre délibération et ayant souvent imploré le secours divin, de l'avis de nos vénérables frères les

Religionis augmentum, auctoritate Domini Nostri Jesu Christi, Beatorum Apostolorum Petri et Pauli ac Nostra; matura deliberatione præhabita et Divina Ope sæpius implorata ac de Venerabilium Fratrum Nostrorum Sanctæ Romanæ Ecclesiæ Cardinalium Patriarcharum, Archiepiscoporum et Episcoporum in Urbe existentium consilio, Beatos Antonium-Mariam Zaccaria et Petrum Fourier, Confessores, Sanctos esse decernimus, ac Sanctorum Catalogo adscribimus: Statuentes ab Ecclesia Universali illorum memoriam quolibet anno die eorum natali nempe Beati Antonii-Mariæ die quinta Julii et Petri die nona Decembris, inter Sanctos Confessores non Pontifices pia devotione recoli debere. In Nomine Patris † et Filii † et Spiritus † Sancti. Amen.

Le grand acte est accompli. Les trompettes d'argent, cachées dans la coupole, entonnent leur fanfare et le carillon des quatre cents églises de Rome annonce au monde la joyeuse nouvelle.

Cardinaux de la Sainte Eglise Romaine, les Patriarches, Archevêques et Evêques présents dans la Ville,

Nous décrétons et définissons Saints et nous inscrivons au catalogue des Saints les Bienheureux Antoine-Marie Zaccaria et Pierre Fourier, Confesseurs; statuant que leur mémoire devra être célébrée tous les ans avec une pieuse dévotion dans l'Eglise universelle, savoir, celle d'Antoine-Marie le cinq juillet, et celle de Pierre le neuf décembre. Au nom du Père et du Fils et du Saint-Esprit. Ainsi soit-il.

Le Souverain Pontife commence le *Te Deum* que les chantres continuent pendant qu'il bénit l'assistance.

Le *Te Deum* achevé, le premier des cardinaux-diacres chante le verset suivant :

Orate pro nobis, Sancti Antoni-Maria et Petre, Alleluia !

Et les chantres répondent :

Ut digni efficiamur promissionibus Christi, Alleluia !

Puis le Saint-Père récite l'oraison propre aux nouveaux Saints :

Deus virtutum omnium largitor et præmium, qui Sanctos Confessores tuos Antonium–Mariam et Petrum Sanctorum tuorum gloria decorasti : concede propitius ut sicut Ecclesia tua eorum illustratur exemplis, ita semper meritis et precibus adjuvetur. Per Christum Dominum Nostrum (1).

Tous répondent : *Amen.*

Immédiatement commence la sainte messe, célébrée par le doyen du Sacré-Collège, S. E. le cardinal Oreglia, et entremêlée de cérémonies

(1) O Dieu, auteur et rémunérateur de toutes les vertus, qui avez gratifié de la gloire des Saints vos serviteurs Antoine-Marie et Pierre ; accordez la grâce à votre Eglise qu'après avoir été honorée par leurs exemples, elle soit toujours favorisée du secours de leurs prières. Par Jésus-Christ Notre-Seigneur.

symboliques. L'offertoire amène au pied du trône de Léon XIII un double cortège exactement pareil, présidé, l'un par le postulateur de la cause de saint Pierre Fourier, l'autre par celui de la cause de saint Zaccaria. Les deux sont composés par des cardinaux de la Sacrée Congrégation des Rites portant deux grands pains, disposés sur des plateaux d'argent, l'un doré, l'autre argenté, avec les armes du Pape en relief; puis deux barils, l'un doré, l'autre argenté, contenant l'eau et le vin; enfin trois cages renfermant: la première, deux tourterelles; la seconde, deux colombes; la troisième, plusieurs petits oiseaux de différentes espèces.

Pourquoi ajouter au pain et au vin du sacrifice ces couples de tourterelles et de colombes? Sans doute pour symboliser l'âme des Saints dont ces oiseaux rappellent les principales vertus: fidélité, pureté, sagesse, fuite du monde, amour de la solitude, etc. Les petits oiseaux vivant dans les régions supérieures, ne se posant à terre que le moins possible, sont bien aussi l'image de nos Saints.

Pendant l'oblation de ces présents, un véritable concert aérien paraît descendre des profondeurs de la coupole. Cent soixante voix d'enfants, douces et fraîches, alternent avec les chœurs d'hommes qui montent si puissants des profondeurs de la basilique.

Rien de solennel comme l'élévation. Les chants cessent, un silence profond et recueilli plane sur l'assemblée ; les gardes-nobles sont rangés de chaque côté de la Confession. Au premier son de la clochette, les trompettes d'argent se font entendre de nouveau, tandis que nos cœurs émus offrent à Dieu, avec le célébrant, la divine Victime, l'action de grâces parfaite.

Après l'*Ite missa est*, le Souverain Pontife remonte sur la *sedia gestatoria ;* le cortège se reforme pour le départ et se met en marche majestueusement, la garde-noble en avant, tous les évêques, archevêques, primats, cardinaux massés derrière, le Pape dominant toute la scène, bénissant à droite et à gauche l'assistance prosternée. En passant devant notre tribune, il se soulève et nous bénit à plusieurs reprises avec une ineffable bonté.

Léon XIII quittant la basilique est acclamé par les vivats enthousiastes qui ont salué son arrivée. On sent que tous les cœurs battent à l'unisson et proclament le Pontife suprême, le Père de la catholicité.

Nous rentrons à Villa Maria, l'âme remplie d'une joie céleste. Le reste de la journée est consacré à repasser dans notre esprit les émotions ressenties, et à les communiquer par la correspondance aux personnes chères à qui même bonheur n'a pas été accordé.

Le soir venu, du haut de la terrasse du couvent, nous pouvons jouir du spectacle de la Ville Eternelle illuminée par des milliers de lanternes vénitiennes et de feux de Bengale. Les faubourgs les plus reculés ont voulu eux-mêmes rendre hommage aux nouveaux Saints, particulièrement à celui qui consacra sa vie aux petits, aux malheureux, aux délaissés.

Pour la première fois depuis quarante ans, la façade de Saint-Pierre est illuminée ; toutes les crêtes et la colonnade entière sont dessinées en traits de flammes.

Et quand le bourdon de la basilique, de sa voix puissante, vient dominer toutes les rumeurs ; quand les cloches des quatre cents églises lui répondent, il nous semble entendre les concerts des anges chantant la gloire de notre Bon Père et de saint Zaccaria dans le ciel.

Ici s'arrête le récit de nos voyageuses.

. . . .

De la Ville Eternelle où se sont accomplies de si grandes choses, que nos lectrices veuillent bien maintenant se transporter à Paris, et écouter comment nous avons solennisé, au Roule, le 27 mai.

Chaque année, la fête de l'Ascension est un jour délicieux dans notre monastère ; toutes nos anciennes élèves aiment à s'en souvenir, c'est le beau jour de la première Communion.

En 1897, on dérogea à cette habitude, il était juste de consacrer entièrement au Bienheureux Pierre Fourier cette fête de sa canonisation.

A l'approche du 27 mai, il ne nous était plus possible de penser à autre chose. C'était à qui trouverait la meilleure manière de célébrer ce jour des grandes miséricordes du Seigneur.

Combien, parmi nous, s'éveillèrent avant l'aurore et attendirent avec impatience le son de la première cloche du matin. C'est aujourd'hui, mon Dieu ! *Hæc dies quam fecit Dominus !...*

Et dans cette allégresse, chacune se hâte de descendre à la chapelle pour l'oraison et la récitation des matines. La prière des cœurs reconnaissants monte tout droit vers le trône de Dieu ; la nôtre, sans doute, lui fut portée par nos anges gardiens, et notre Bienheureux Père sourit de la joie que nous ressentions à cause de son triomphe.

Comme nous n'avions pas d'aumônier, le nôtre étant à Rome, nous recourûmes à la complaisance des religieux, nos voisins, qui, du reste, s'y prêtèrent avec la meilleure grâce. A la grand'messe, le célébrant fut le R. P. Osmund Cook, Supérieur des Pères Passionnistes. Deux de ses religieux remplirent les fonctions de diacre et de sous-diacre.

Pour nous unir le plus possible à ce qui se faisait à Rome, nous chantâmes le *Te Deum* à onze heures et demie, avec grand accompagnement de l'orgue et illumination complète du sanctuaire. A une heure et demie eut lieu la réunion de la Communauté dans l'oratoire du Bon Père, très décoré et brillamment éclairé. Pendant une demi-heure environ, nos chères enfants se succédèrent pour implorer le nouveau Saint. C'est vers deux heures et demie que nous arriva la première dépêche de Rome. Elle était ainsi conçue :

Cérémonie magnifique. Sommes très heureuses.

GABRIELLE, GEORGETTE, MADELEINE, BLANCA. (1)

Un peu après, fut apportée la seconde dépêche, de la part de nos Mères :

Journée du Ciel sur la terre.

MARIE CHARLES.

(1) Dépêche de nos élèves.

C'était donc chose faite, on pouvait livrer complètement son âme à l'action de grâces.

M. l'abbé Pierret, vicaire à Saint-Philippe-du-Roule, nous fit un beau sermon sur l'Ascension de Notre-Seigneur. En parlant des délices du ciel, il nous montra, au milieu du cortège des Bienheureux, notre glorieux Père, saint Pierre Fourier, tout resplendissant d'une gloire nouvelle et les mains pleines de grâces pour les répandre à profusion sur sa famille religieuse.

Le Salut fut donné par le R. P. Audibert, Supérieur général des Prêtres du Saint-Sacrement. Le diacre et le sous-diacre appartenaient à la même Congrégation.

Après le dîner, la récréation du Pensionnat s'étant passée au jardin de la Communauté, grand privilège pour les élèves, elles se rassemblèrent devant la statue de saint Pierre Fourier (1), prirent plaisir à le chanter encore et à faire leur prière du soir à ses pieds. Quelques religieuses attirées par les chants s'étaient jointes à cette joyeuse troupe.

(1) En face de la galerie, s'ouvre la grande allée du jardin, conduisant à la chapelle mortuaire. De chaque côté du perron sont placées les statues de saint Augustin, dont nous suivons la Règle, et de saint Pierre Fourier, notre Fondateur.

O glorieux Père, étendez vos mains bénissantes sur la double famille de vos religieuses et de vos enfants. Gardez-nous bien notre place dans le Paradis où vous êtes, et qu'un jour nous ayons le bonheur d'avoir, nous aussi, notre ascension vers ce divin séjour, objet de nos plus chers désirs (1).

. . . .

Les jours suivants nous apportèrent de Rome de très intéressantes lettres. Nous transcrivons à l'appendice celle de notre Aumônier, M. l'abbé Gény.

(1) Nous aimons à consigner ici une prière composée par une de nos élèves de la classe supérieure :

« Saint Pierre de Mattaincourt, priez pour nous ! Priez pour ce vénéré Léon XIII qui a eu tant à cœur de glorifier un enfant de la France et de le donner comme modèle à tous les pasteurs d'âmes. Priez pour votre patrie, rappelez au Cœur de Jésus, sur lequel vous avez aujourd'hui un puissant crédit, que la France est la fille aînée du Sacré Cœur ! Priez pour celles qui se sont consacrées au bon Dieu en s'enrôlant dans votre Congrégation, et qui marchent vers l'éternité par les voies du dévouement et du sacrifice, que vous leur avez indiquées. Faites fructifier leurs bons conseils et leurs sages leçons dans les cœurs des enfants qu'elles entourent d'une sollicitude vraiment maternelle.

« N'oubliez pas les petites pensionnaires de vos Maisons, particulièrement celles du Roule ; que, fidèles à votre devise, elles sachent au besoin se sacrifier pour le bonheur des autres, qu'elles se rendent utiles à tous par leur prévenance, leur bonté et ces mille petites vertus qui siéent si bien à la jeune fille et en ~~font le~~ modèle des élèves, l'ange et la joie de la famille ! »

(M. H.)

Chapelle du Monastère du Roule.

CHAPITRE IV

LE TRIDUUM D'ACTIONS DE GRACES.

Sommaire. — Aspect de notre Monastère pendant le Triduum. — Fêtes du premier jour. — Un déjeuner en plein air. — Récréations extraordinaires. — Panégyriques. — Procession manquée. — Le Roule se souvient.

Rien de plus gai, de plus charmant que l'aspect de notre cher couvent du Roule les 15, 16 et 17 juin.

En pénétrant dans la cour d'honneur, on sent que toute la Maison est en fête. Là, trône une immense bannière représentant saint Pierre Fourier ; en face, une autre où sont brodées ses armes ; puis d'élégantes oriflammes confectionnées tout exprès, avec autant d'amour que d'habileté. Des croix sont attachées aux arbres du jardin ; des banderoles, des étendards flottent au vent et brillent sous un soleil radieux. Plus radieux encore sont les visages des heureuses habitantes de ce séjour. Il n'est pas jusqu'aux religieuses les plus âgées, ou les plus graves d'ordinaire, qui n'aient alors dans leur physionomie, l'expression d'un contentement ineffable. Quant aux élèves, que dire de leur entrain ? Chose inouïe dans la vie d'une pensionnaire : pendant trois jours, en dehors des offices, on pourra parler à son aise, et pleine liberté sera accordée de courir dans tous les jardins ou de s'entretenir avec ses meilleures amies.

Car les anciennes sont revenues en grand nombre ; ces chères enfants ont voulu s'unir à nous pour fêter notre Père. Et nous nous empressons de demander leur concours pour les chants et les processions. Mais dirigeons-nous du côté de la chapelle ; allons voir quels préparatifs on a faits pour le triduum. L'avant-chœur est tendu de blanc, à cause du Saint-Sacrement qui y passera le jour de la Fête-Dieu (1). Des raisins et des épis d'or en font toute la décoration, qui est sobre et de très bon goût.

Entrons dans la chapelle... Mais quoi, est-ce bien elle ? Au lieu des murailles nues et un peu

(1) C'est en souvenir de saint Pierre Fourier et de la première solennité qu'il célébra en prenant possession de sa cure à Mattaincourt, en 1597, que nous avons fait coïncider le dernier jour du triduum avec la Fête-Dieu.

noircies que nous connaissions, voici de magnifiques tentures rouges frangées d'or, des écussons portant les dates que nous avons appris à aimer : 1565, *Naissance.* — 1597, *Cong. de N.-D.* — 1640, *Mort.* — Et tant d'autres, sans oublier la plus glorieuse : *27 Mai 1897, Canonisation.*

A l'entrée des chapelles latérales, le décorateur a eu l'heureuse inspiration de placer ses draperies en forme de rideaux avec un riche baldaquin ; c'est tout à fait réussi. Pour le sanctuaire, on peut, sans exagération, employer ce terme qu'on prodigue trop aujourd'hui : vraiment il est idéal. Avec sa peinture toute fraîche, avec son riche luminaire, ses fleurs et ses arbustes, il a tout ce qu'il faut pour ravir les yeux et porter les cœurs à la prière.

Derrière le tabernacle apparaît une bannière représentant l'Apothéose du Saint, dont nous allons, pendant ces trois jours, chanter la gloire et implorer les faveurs.

Et comme le Bienheureux Père a toujours préféré les pauvres et nous a créées avant tout pour l'instruction des pauvres, il est de toute justice que le premier jour d'action de grâces (le 15 juin) soit particulièrement réservé à nos enfants de la classe gratuite. Leurs parents sont également invités, ainsi que nos fournisseurs, ouvriers, hommes de peine, buandières, etc.

L'assistance fut nombreuse, le matin à la messe solennelle de neuf heures, dite par notre Père Supérieur, M. l'abbé Bureau. A l'issue de la messe, toutes nos enfants, riches ou pauvres, se répandirent dans le jardin.

De longues tables avaient été préparées dans l'allée qui côtoie la classe gratuite, un repas de fête fut offert à nos petites filles et aussi aux anciennes élèves. Nos grandes du Pensionnat, et principalement les Enfants de Marie, réclamèrent la faveur de servir à table. Tout d'abord les plus petites étaient bien un peu confuses et embarrassées ; mais bientôt la gêne disparut, et elles firent honneur à ce bon déjeuner.

Durant toute la journée, nos pensionnaires furent empressées auprès de nos chères externes : les plus grandes se chargèrent volontiers des plus jeunes pour les faire jouer et leur prodiguer mille petites gâteries. Voici en quels termes une de nos élèves racontait, dans une lettre, les récréations au jardin pendant le triduum :

... « Croiriez-vous, ma chère amie, que nos Mères nous ont entièrement livré le jardin de la Communauté pour ces trois jours ? C'est là que nous passons nos récréations.

Pendant que les petites courent à toutes jambes dans les allées et même un peu, je crois, à travers les massifs, vous devinez bien ce que font les grandes. Les unes se promènent par bandes en devisant ; les autres s'écartent pour avoir plus de solitude. Tantôt vous voyez deux jeunes filles, à la ceinture blanche ou rouge, qui vont s'agenouiller aux pieds de Notre-Dame de Lourdes : peut-être lui recommandent-elles leur avenir, dont la pensée commence à les préoccuper. Tantôt ce sont quelques anciennes qui se faufilent dans la chapelle mortuaire et récitent un *De Profundis* pour les Mères et Sœurs qu'elles ont connues autrefois. »

« Mais, me direz-vous, où donc la Communauté se tient-elle à l'heure des récréations, puisque vous avez envahi son domaine ? Ah ! voilà, c'est très étrange ! la plupart de nos Mères sont devenues absolument invisibles, ou si de loin nous apercevons un voile noir, c'est comme une vision rapide, car la Communauté et le Noviciat se sont cloîtrés dans la Maison... Et c'est grâce à cette maternelle délicatesse que nous pouvons, en toute liberté, prendre nos ébats sous les grands marronniers. La liberté, amie, c'est peut-être encore ce qui nous ravit le plus en ces jours mémorables...

(Y. B.)

Le Salut fut donné à quatre heures de l'après-midi par M. le curé de Saint-Philippe-du-Roule (1), assisté de deux de ses vicaires. Le R. P. Dom Prosper Rousseau, abbé mitré de Beauchêne, prononça un touchant panégyrique, où il montra à son auditoire comment saint Pierre Fourier a

(1) M. l'abbé Fleuret.

toujours eu « un cœur d'or pour Dieu, un cœur de chair pour le prochain, un cœur de bronze pour lui-même ».

Après la cérémonie, M. le Curé fut conduit à la classe externe, où ses petites paroissiennes lui adressèrent un compliment. Un naïf dialogue sur les vertus du bon Curé de Mattaincourt leur fournit le moyen de remercier le digne Pasteur qui déploie tant de zèle pour les catéchismes.

Pour terminer la journée, un fort joli tableau vivant fut organisé, le soir, dans la cour d'honneur, au pied de la statue de Notre-Dame des Anges (1). Le transparent éclairé à la lumière électrique portait en grandes lettres : *Nous avons un bon Maître et une bonne Maîtresse*. Le groupe représentait Pierre Fourier en extase pendant la nuit de la Saint-Sébastien. Plus haut, et à distance, étaient les premières religieuses de la Congrégation de Notre-Dame.

Et pendant que nous admirions ce tableau, nos grandes élèves, aidées de nos chères anciennes, faisaient retentir les échos de leurs pieux cantiques. Il était bien neuf heures et demie quand les pen-

(1) Cette statue nous est doublement chère à cause du nom qu'elle porte et du donateur, le regretté Cardinal Place, qui fut, pendant plus de trente ans le protecteur et l'ami dévoué de notre Communauté.

sionnaires firent, au dortoir, la prière du « *Cœur à Dieu* ». Encore une chose tout à fait inouïe dans les *Annales du couvent*.

Cette première journée du triduum avait été si belle qu'une de nos petites demandait à sa maîtresse : « *Ma Mère est-ce que le Bienheureux Père sera encore canonisé l'année prochaine ?* »

Le 16 était surtout destiné à nos anciennes pensionnaires et à leurs familles. La messe solennelle fut dite par le R. P. Osmund Cook. Le soir, il y eut une affluence considérable. L'éloge du Saint fut fait par le R. P. Coubé, de la Société de Jésus, dont la parole entraînante et chaleureuse nous tint sous le charme pendant plus de cinq quarts d'heure.

Le Révérend Père s'attacha à faire ressortir le rôle social du prêtre d'après la vie de saint Pierre Fourier. Tout d'abord il nous mit en face du premier prêtre, Jésus-Christ, le suprême ami du peuple. Ce fut un des plus beaux passages du panégyrique que celui où le Sauveur nous fut représenté au milieu de la foule des pauvres, des misérables, des infirmes de toutes sortes, alors que sur le geste du bon Maître, « le pain se multiplie... les yeux noyés dans la nuit s'enivrent de nouveau de soleil, et les béquilles volent en l'air par-dessus les haies des chemins, et les paralytiques chargent allègrement leurs grabats sur leurs épaules... »

Puis le P. Coubé nous fit admirer Pierre Fourier convertissant les âmes dans sa paroisse de Mattaincourt, et ne dédaignant pas de s'occuper du bien-être matériel de ces pauvres gens.

A propos de la fondation de notre Institut, le prédicateur insista sur la nécessité de l'instruction chrétienne donnée à l'enfance par des âmes consacrées à Dieu. Et sans vouloir déprécier aucune vocation, il rappela qu'aujourd'hui, plus que jamais, l'Eglise a besoin de trouver nombreuses des « *mains virginales et maternelles pour former les cœurs des jeunes filles et leur apprendre le sérieux, la modestie et le dévouement qu'elles doivent apporter un jour aux devoirs de leur état* ».

Après ce magnifique discours eut lieu la vénération de la relique de notre Saint. Bien que la chapelle fût absolument pleine, cette cérémonie se fit dans un ordre parfait, et ce n'est pas sans une grande édification que nous vîmes toute l'assistance rendre cet hommage à saint Pierre Fourier (1).

S. Exc. Mgr Clari, nonce apostolique, donna

(1) Cette pieuse cérémonie eut lieu après chaque exercice, pendant les trois jours d'action de grâces.

le Salut du Saint-Sacrement ; deux Pères Jésuites remplissaient l'office de diacre et de sous-diacre.

Dans le chœur se tenaient Mgr Granito di Belmonte, auditeur de la nonciature, et bon nombre de prêtres et de religieux, amis de la maison.

A l'issue du Salut, Son Excellence voulut bien se rendre à la salle des exercice pour entendre une cantate chantée par nos élèves. Elle les en remercia en leur accordant un jour de congé de plus à la prochaine sortie.

Dans l'après-midi, le temps qui jusqu'alors avait été beau, changea tout à coup ; une pluie torrentielle vint anéantir le transparent préparé pour le tableau du soir (1).

On y suppléa tant bien que mal en représentant la petite scène dans la salle d'étude du Pensionnat.

Le 17 juin, dernier jour du triduum, devait être le plus solennel. C'était la Fête-Dieu, jour des plus chers à nos cœurs religieux : il nous est si doux d'escorter en procession, à travers nos cours et nos jardins, notre bon Jésus, notre tout aimable Roi !

Il est d'usage que les élèves des trois Congréga-

(1) Au-dessus du lis et de la croix, emblème de la Congrégation de Notre-Dame, devait se détacher, en lettres flamboyantes, la devise de notre saint Fondateur : *A nul ne nuire, servir à tous.*

tions (Enfants de Marie, Saints-Anges et Enfants de Jésus) s'occupent spécialement des reposoirs. Elles y mettent toujours un zèle empressé ; mais à l'occasion du triduum il fallait se surpasser. Les fleurs les plus belles avaient été prodiguées sur les autels où le Saint-Sacrement allait s'arrêter ; déjà les chemins étaient jonchés de verdure et de pétales aux mille nuances. Mais le ciel devenait menaçant, de gros nuages s'amoncelaient, le jardinier secouait la tête et n'osait dire toute sa pensée.

A l'heure de la grand'messe chantée par M. l'Aumônier, assisté de deux Pères Passionnistes, la chapelle se remplit d'amis qui désiraient voir, au moins de loin, la belle procession... Hélas ! il fallut y renoncer, ce qui fut pour tous un gros sacrifice ; nous avions bien de la peine à nous résigner devant une malencontreuse pluie qui détrempait nos étendards et éparpillait nos guirlandes et nos bouquets. Dans l'après-midi le soleil reparut, si bien qu'au moment du Salut nous eûmes une affluence considérable. Pas un recoin de la chapelle qui fût inoccupé. C'est à grand'-peine qu'on put ouvrir un passage à S. E. le cardinal Richard, venu pour clore nos jours d'action de grâces.

Après un compliment très fin et très délicat à

notre vénérable Archevêque, le R. P. Hébert, dominicain, étudia dans saint Pierre Fourier la vie intime et religieuse. Il loua principalement deux grandes vertus, la bonté et l'humilité, qui ont conduit notre glorieux Père à une éminente sainteté.

C'est avec beaucoup d'à-propos que le Révérend Père rappela les paroles du saint curé de Mattaincourt à ses paroissiens, au jour même de la Fête-Dieu de l'année 1597 : « *Comme Dieu se donne aux hommes sous les espèces sacramentelles, sans chercher d'autre intérêt que le bien et le salut de ceux qui le reçoivent, ainsi je me donne à vous en ce jour, non pour l'honneur que j'en puis espérer, ni pour l'attente de vos richesses, mais simplement pour le salut de vos âmes, que je suis résolu à sauver, dût-il m'en coûter le sang et la vie.* »

L'orateur, passant en revue la carrière parcourue par saint Pierre Fourier, prouva comment ce bon Pasteur avait réalisé le programme qu'il s'était tracé. Il nous fit ensuite un tel tableau de la sainteté du prêtre, qu'on ne pouvait s'empêcher de murmurer tout bas : Mon Dieu, donnez-nous des Saints ; donnez à notre chère France beaucoup de saints prêtres pour l'évangéliser et la sauver !

Pour ces trois jours de solennité, nous n'avions

pas voulu déroger à nos habitudes de simplicité quant aux chants et à la musique religieuse. Nos élèves seules en firent tous les frais avec l'aide de leurs dévoués professeurs. Au dire de tout le monde, rien de plus agréable que ces voix jeunes et fraîches qui s'unissaient à ravir aux sons de la harpe, du violon, voire même du violoncelle.

Son Eminence voulut faire une petite visite à nos enfants après le salut et leur adressa des félicitations auxquelles elles furent très sensibles.

Le soir, le dernier tableau vivant fut une apothéose du nouveau Saint. Tout au fond de la grande allée de notre jardin, on apercevait, dans la gloire, Pierre Fourier couronné par les anges, à ses pieds, les religieuses et les enfants de la Congrégation de Notre-Dame. Le groupe des premières Communiantes avait quelque chose de céleste, dans la vive lumière qui faisait d'autant mieux ressortir les ombres d'alentour. Le *Magnificat*, véritablement enlevé par toutes les voix, fut le chant final d'une journée dont jamais nous n'oublierons les suaves émotions.

Que tous ceux qui nous ont prêté leur concours pour glorifier notre saint Instituteur : religieux de tous Ordres, prêtres, amis, élèves anciennes ou actuelles, reçoivent ici le tribut de notre gratitude. Le Roule n'est plus en fête, mais il se souvient.

Et maintenant, partez en congé (1), essaim joyeux de nos pensionnaires; et vous aussi, qui avez voulu le redevenir pour quelques jours. Allez redire à vos familles ce que vous-mêmes vous avez répété plusieurs fois : Non, rien n'est comparable aux solennités religieuses. O Seigneur,

Un seul moment qu'on passe dans ton temple,
Vaut mieux qu'un siècle au palais des mortels!

(1) Pour des enfants, une fête extraordinaire doit toujours amener un congé : il avait été annoncé au Pensionnat que le triduum serait suivi d'une vacance de quatre jours.

Eglise de Mattaincourt.

CHAPITRE V

MATTAINCOURT (1)

Sommaire. — Invitation. — Arrivée à Mattaincourt. — La matinée du 15 juillet. — Quelques mots de Mgr Foucault. — La Chapelle Ronde. — Messe dans la chambre du Bon Père. — Surprise au retour. — Les « Blanches de 1897 ».

Ce serait sortir de notre cadre que d'entreprendre le récit des fêtes de Mattaincourt, pendant le mois de juillet 1897. Nous ne voulons pas toutefois passer sous silence le pèlerinage qu'y fit notre Mère Supérieure.

M. l'abbé Marchal, curé de la paroisse de Mattaincourt, avait eu le dessein de réunir au tombeau de saint Pierre Fourier un grand nombre de religieuses de la Congrégation de Notre-Dame (2).

(1) Près de Mirecourt (Vosges).

(2) C'était répondre à un désir depuis longtemps exprimé par la plupart.

En même temps qu'il nous adressait une invitation pour le 15 juillet, le monastère de Mattaincourt nous faisait les plus aimables instances. Comment résister à semblable appel, quand notre Père Supérieur voulait bien lui-même nous engager au départ ?

Notre Mère se mit donc en route le lundi matin, 12 juillet ; Mère Marie du Saint-Sacrement fut sa compagne de voyage. Cette fois encore les témoins oculaires nous raconteront les impressions reçues pendant ce pèlerinage.

Nous arrivâmes le soir à Lunéville, où nous devions passer deux jours. La R^de^ Mère Marie Fourier et ses Filles nous reçurent avec une affection toute cordiale.

Les Révérendes Mères Supérieures de l'Abbaye et des Oiseaux vinrent nous rejoindre le lendemain, de sorte que nous remplissions un compartiment quand, le mercredi après midi, nous partîmes enfin pour Mattaincourt. Nous disons *enfin*, car nos cœurs avaient hâte de contempler ce village que notre Bon Père a tant aimé. La station où l'on descend est encore à une certaine distance de Mattaincourt. Tout en suivant la route, on a ainsi le loisir d'admirer le paysage. Il est ravissant à cette époque de l'année. Nous en empruntons la description à un Chanoine Régulier de Mattaincourt, qui a écrit une Vie de saint Pierre Fourier (1).

« Tout autour du village s'alignent en amphithéâtre des coteaux aux crêtes revêtues d'une sombre chevelure de forêts. Sur les pentes, les teintes plus gaies de la vigne se marient harmonieusement à celles des immenses champs de blé ondoyant sous la brise, qui vont mourir doucement dans les chaudes couleurs dont se parent les prairies. Au fond du vallon serpentent, entre les troncs fantastiques des saules, les courbes capricieuses du Madon, où se mirait encore au passage, il y a cinquante ans, la même petite église au chevet carré, aux baies ogivales, au clocher en forme de bulbe à la manière orientale, comme on en découvre au-dessus de nos campagnes lorraines. Elle a fait place à un beau monument plein de grâce et de majesté, profilant avec une royale fierté les lignes roses de sa masse sur le fond lumineux du paysage, pendant que les mille dentelles de sa couronne découpent, avec ses deux flèches et ses clochetons fleuris, l'azur radieux du ciel. Les maisons aux toits rouges se rangent en lignes régulières sur les deux rives que l'art mo-

(1) Cet ouvrage dont l'édition a été enlevée rapidement, est remarquable par le talent du jeune auteur et par son affection filiale envers notre Saint.

derne a reliées par un pont de pierre, dont les arcs élégants laissent apercevoir les têtes arrondies des tilleuls dans une île pleine d'ombre et de fraîcheur, formée par le canal du moulin, aux cascades irisées, aux mille jeux de lumière. Au-dessus de l'ensemble, le couvent de Notre-Dame dresse ses constructions imposantes. A l'autre extrémité, le modeste clocher de bois de l'hospice avertit le voyageur que Mattaincourt a son asile ouvert à la vieillesse et au malheur. »

Nous saluons, en passant, la basilique où demain nous viendrons faire nos dévotions, et la voiture nous emporte au monastère de la Congrégation.

A peine avons-nous le temps de descendre et de saluer quelques religieuses, qu'on nous fait signe de nous taire. Etonnées de ces chut ! chut ! nous levons les yeux et nous apercevons, au bout du vestibule, la chapelle du monastère, dont la porte est toute grande ouverte, et au fond de la chapelle, Monseigneur de Saint-Dié, qui vient de commencer une allocution.

Nous nous asseyons bien vite, nous prêtons l'oreille. Mgr Foucault parle de saint Pierre Fourier avec une admiration qui jaillit de son cœur. Il raconte comment la dévotion s'est développée en lui à mesure qu'il a mieux connu la vie du Bon

Père et qu'il a pris part aux grandes solennités de la canonisation.

Puis, se plaçant au point de vue spécial de l'instruction chrétienne, Sa Grandeur prouve le génie de Pierre Fourier qui, trois cents ans avant notre époque, a su imaginer et réaliser ces choses qu'on vante tant aujourd'hui et qu'on croit nouvelles : l'enseignement populaire, simultané, gratuit, obligatoire. Il ajoute que, de plus, cet enseignement, le Saint a soin de le confier « à des mains sûres, parce qu'elles sont virginales et dévouées ».

Un beau Salut succède à cette exhortation. Nous sentons le besoin de nous recueillir devant Dieu, et, pendant que le Saint-Sacrement nous bénit, notre âme répète l'hymne de l'action de grâces à Celui qui nous a conduites jusqu'en ces lieux vénérés.

Au sortir de la chapelle, il faut faire connaissance avec cette chère Maison, qui va être la nôtre pendant trois jours. Nous parcourons les vastes corridors et les grandes salles enguirlandées à tous les étages. Tant de Filles de Notre-Dame ont envahi Mattaincourt, que c'est un va-et-vient perpétuel. On s'aborde : « Ma sœur, voudriez-vous m'indiquer le chemin du dortoir, du réfectoire, etc. ? »

— « Je regrette de ne pouvoir vous renseigner ;

mais j'arrive moi-même de Moulins, ou de Paris, ou de Gray... » Et l'on se salue en souriant.

Comment nos bonnes Mères de Mattaincourt ont-elles pu loger toute cette famille et pourvoir aux besoins de chacune ? C'est un problème que leur extrême charité seule a trouvé le moyen de résoudre.

Le 15 juillet de grand matin, nous entendons la belle sonnerie de la basilique. Ces sons harmonieux résonnent tout particulièrement dans notre cœur. Nous nous rappelons qu'en 1882, notre si regrettée Mère des Anges fut, par procuration, marraine d'une de ces cloches ; le parrain était M. Buffet, ce vaillant défenseur de toutes les grandes causes (1).

Vers cinq heures et demie, M. l'abbé Marchal et M. l'Aumônier du couvent nous conduisirent en procession à la basilique pour une première messe (2).

(1) Nos souvenirs se reportent à la petite fête que nous donnâmes au Roule à notre vénérée Supérieure ; c'était plaisir de chanter la marraine, et le refrain suivant se répétait par toutes les bouches :

Sonnez, sonnez joyeuses
Cloches de Mattaincourt,
Messagères pieuses
D'espérance et d'amour.

(2) Les religieuses de Mattaincourt avaient pour cette fête la permission de franchir la clôture, permission qui ne leur est accordée que très rarement.

Le chœur était réservé aux religieuses, pendant que les élèves occupaient la nef. M. le Curé nous adressa tout d'abord quelques paroles de bienvenue ; puis il nous exhorta à demander à Dieu l'esprit de saint Pierre Fourier, afin, dit-il, que « toutes vos Maisons soient, plus encore que par le passé, des centres de ferveur et de sainteté. »

Que dire de notre émotion en nous trouvant ainsi groupées autour du tombeau de notre Père ? Avec quel respect nos lèvres tremblantes en baisaient la pierre, et de quels regards avides nous contemplions la châsse où sont enfermés le chef et les plus insignes reliques du Saint ! Sans doute la communion de ce jour fut faite avec la plus grande ferveur. Nous sentions que nos prières devaient être agréables au Seigneur, à cause de saint Pierre Fourier qui les lui présentait.

Le programme portait que nous retournerions à la basilique pour la grand'messe. Tout avait été organisé pour qu'elle fût très solennelle. Monseigneur de Saint-Dié daigna venir lui-même, avec le clergé de la paroisse, nous chercher au monastère.

Environ quatre cents jeunes filles, élèves de la Congrégation de Notre-Dame de Mattaincourt, de Lunéville, de Gray, d'Epinal, de Moulins, de

Luxembourg, se rangèrent en procession et commencèrent à descendre le chemin qui conduit au village. Près de cent religieuses venaient ensuite et Mgr Foucault fermait la marche. Une élégante bannière, brodée par les Mères de Luxembourg, indiquait à tous que nous fêtions notre saint Instituteur. Et nos voix s'unissaient pour chanter avec amour :

Triomphe sur terre,
Triomphe dans les cieux,
O Bienheureux Père,
Apôtre de ces lieux.

Sur le parcours, les habitants du village faisaient la haie pour nous regarder passer. Voyez, murmuraient-ils, comme les religieuses paraissent heureuses ! Et tous nous saluaient d'un air qui semblait dire : Nous aimons bien la Congrégation du Bon Père.

Cette fois, la basilique entière était réservée au pèlerinage de Notre-Dame. A peine si quelques étrangers pouvaient se placer dans les bas côtés. Nous reprîmes nos places dans le chœur ; Monseigneur de Saint-Dié présidait sur le trône épiscopal ; un certain nombre de prêtres occupaient les stalles.

Après l'évangile, le R. P. Bourgeois, dominicain, monta en chaire. Dans un éloquent panégyrique il traita ces deux points : comment Pierre Fourier s'est préparé à l'apostolat, et comment il l'a exercé. Il mit en lumière les principales vertus de notre saint Instituteur : sa pureté parfaite, son humilité profonde, sa pénitence rigoureuse, sa prière incessante, sa charité sans bornes, son zèle infatigable. Puis le prédicateur glorifia l'œuvre accomplie, depuis trois cents ans, par la Congrégation de Notre-Dame. Et il acheva son discours par une péroraison touchante, nous invitant à invoquer notre Père pour qu'il nous laissât son double esprit : esprit qui monte de la terre au ciel pour aller y chercher la force même de Dieu ; esprit qui descend du ciel sur la terre par le sacrifice et le dévouement auprès des âmes, surtout des âmes d'enfants si chères au Cœur de Jésus.

Le *Credo* fut chanté avec un élan remarquable ; les voix d'hommes alternaient avec les nôtres. Il est des heures dans la vie où l'âme a besoin de s'exhaler dans un chant. Ce *Credo*, c'était notre merci à Dieu et à la sainte Eglise notre Mère : *Credo in unum Deum, Patrem omnipotentem... Et unam, sanctam, Catholicam, et Apostolicam Ecclesiam...* A l'offertoire, on nous fit vénérer une relique de notre glorieux Père. Des religieux dominicains dirigeaient les mouvements de la foule, de sorte que notre recueillement ne fut point troublé.

Après la grand'messe, la procession se forma de nouveau ; nous gravîmes le chemin montant, rocailleux, en faisant retentir les airs du *Te Deum* et du *Magnificat*. Monseigneur avait désiré nous reconduire au monastère. Quand nous fûmes toutes dans la grande cour, le Prélat s'arrêta sur le seuil de la porte principale, et là, crosse en main et mitre en tête, il voulut nous exprimer sa joie et sa reconnaissance : joie d'assister à de pareilles fêtes et d'y voir un tel concours de peuple, reconnaissance envers Dieu qui a fait son œuvre par saint Pierre Fourier. Cette œuvre du Bon Père, la Congrégation de Notre-Dame, c'est à Mattaincourt que le saint prêtre l'a méditée ; c'est dans ce pauvre village qu'il en a jeté la semence. Et parce que c'était un sol généreux, cette semence a grandi... le petit arbre est devenu un géant ; à son ombre s'abritent ces petits oiseaux du bon Dieu, les enfants, ces chères petites filles qui deviennent plus tard des femmes fortes, des mères sérieusement chrétiennes.

Puis Monseigneur dit avec beaucoup d'amabilité qu'il nous avait vues, pendant la messe, déposer nos chapelets et nos objets de piété sur le tombeau de notre Père, et qu'il en avait été très touché. Le géant de la Fable autrefois reprenait des forces au contact de la terre ; à plus juste titre devons-nous retrouver courage et ferveur en baisant les objets bénis qui ont reposé un instant sur le tombeau de saint Pierre Fourier. Il recommanda à ses Filles, et à nous qui étions venues de loin, la pratique constante de l'humilité et de la sainte pauvreté. L'humilité, parce que rien de grand ne se fait sans cette vertu. La sainte pauvreté, puisque notre Ordre a pris naissance, comme le Sauveur, dans la nuit de Noël. Et si Jésus s'est fait si petit et si pauvre, c'était sans doute le meilleur moyen d'opérer la rédemption des hommes. « La clôture va se refermer sur les religieuses de Mattaincourt, dit Sa Grandeur ; qu'elles y gardent le silence, le recueillement si favorables aux communications avec Dieu, et que leur régularité en fasse les premières héritières et les dignes Filles de saint Pierre Fourier. »

La clôture était levée pour nous, religieuses étrangères. Nous en profitâmes pour aller à l'église prier encore et la visiter à loisir.

Le monument appartient au style ogival de la fin du XIIIe siècle. Il est vaste, élevé et parfaitement décoré. Les sept vitraux dans le chœur sont un résumé de la vie de notre Saint : 1° Pierre Fourier dans son enfance et sa jeunesse ; 2° le religieux ; 3° le Curé de Mattaincourt ; 4° l'instituteur de la Congrégation de Notre-Dame ; 5° le réformateur des Chanoines Réguliers ; 6° l'exil ; 7° l'apothéose.

Au milieu du chœur est une grande pierre tombale à l'endroit même où le bon Père fut inhumé d'abord. Pour les jours de la neuvaine (en juillet) on y dépose le précieux reliquaire, objet de la vénération de toute la contrée. Des cierges en grand nombre y brûlent dès l'aube jusqu'à la nuit bien close. Les bons Lorrains entourent ce tombeau avec un soin si jaloux que c'est à peine si nous-mêmes nous pouvons en approcher.

Dans la nef est la belle chaire en bois sculpté, (don de la Congrégation de Molsheim), où se fit entendre l'immortel Lacordaire. Tout autour de l'église, au-dessus de la frise, se trouvent des médaillons où sont inscrits les noms de tous les monastères de notre Ordre.

Une chapelle latérale appelée chapelle des Reliques attire aussi la foule. Sous l'autel est une statue de cire qui représente le Saint endormi, les mains jointes. La tête est très expressive :

nous prenons plaisir à la regarder longuement.

De là, un couloir conduit aux sacristies et à la chambre de saint Pierre Fourier (1). Cette chambre est devenue un sanctuaire où les pèlerins ne manquent pas d'aller prier.

Le soir, toute une caravane se dirigea vers la colline que Pierre Fourier a montée si souvent, et où se trouve aujourd'hui le petit oratoire appelé Chapelle Ronde. En cet endroit les habitants avaient longtemps montré un vieux platane, au pied duquel le saint Curé s'était souvent assis, raconte la tradition. Tout à côté, les paysans se désaltéraient à la fontaine du Bon Père, ainsi nommée parce que les eaux en ont jailli, à la prière du Saint. Quand l'arbre vint à mourir, les habitants élevèrent à la même place un petit monument très connu des pèlerins.

A notre tour, nous foulions donc ce sol où le pied du Bon Père s'était fréquemment arrêté ; cet horizon, il l'avait bien des fois contemplé ; cet air si vif et si pur, lui-même l'avait jadis respiré. Et pendant que les jeunes filles folâtraient sur la route en bandes joyeuses, nous montions toujours, charmées d'une promenade qui n'entre guère dans

(1) On a gardé au presbytère de Mattaincourt les pièces pauvres et roides que Pierre Fourier occupait, il y a trois cents ans.

nos habitudes claustrales. On but à la fontaine et l'on remplit quelques bouteilles de cette eau miraculeuse. Mais la nuit venait, il fallait se hâter. Tout à coup, nous aperçûmes le monastère qui s'illuminait. C'était d'un effet très gracieux. Nous y rentrâmes gaiement, à l'heure où la prière allait sonner. La journée avait été bien remplie, le repos nous était nécessaire.

Une douce joie nous était réservée au matin du 17 : la messe fut célébrée à notre intention dans la chambre de saint Pierre Fourier. C'est une pièce basse et fort petite, avec des poutres noircies et des portes vermoulues. A la place de l'alcôve, on a dressé un autel ; les évêques et les prêtres se font un honneur d'y célébrer les saints Mystères. Environ une quinzaine de personnes peuvent y assister, à la condition de se serrer les unes près des autres. Pour nous, Filles de Notre-Dame, que de souvenirs dans cet oratoire ! C'est là que Dieu a révélé à notre Père ses desseins par rapport à notre Congrégation ; là, que Pierre Fourier a prié avec larmes, qu'il a si souvent veillé sur son pauvre banc de bois ; là, qu'il a infligé à son corps ces macérations dont le récit fait frémir. Que de grâces à lui demander pour nous et pour nos familles religieuses ! O père, vous aviez une si haute idée de notre sainte vocation ! obtenez que toutes vos Filles s'inspirent de vos lumières et réalisent, du moins en partie, ce que votre cœur paternel a rêvé pour leur perfection !

Nous faisons une dernière station devant l'autel des Reliques ; nous baisons une dernière fois le tombeau glorieux, la châsse qui le surmonte, et nous disons adieu à la basilique. Deux heures après, nous avions quitté Mattaincourt, et nous reprenions le chemin de Paris par la ligne de Chaumont, dont le parcours est très agréable, puisque c'est une suite de gracieuses vallées aux contours verdoyants et pittoresques. De plus nous étions en compagnie de la R[de] Mère Marie du Sacré-Cœur de Jésus, Supérieure d'Etampes, de la vénérée Mère Thérèse de Jésus, Assistante de l'Abbaye-aux-Bois, et d'une de ses parentes qui nous combla d'attentions et de prévenances.

Une surprise nous attendait au retour. En l'absence de Maman Marie-Sophie, le Pensionnat s'était montré si sage, que le drapeau avait été mérité par toutes les classes (1).

Nos chères enfants étaient donc réunies dans la

(1) Quand toutes les élèves d'une division obtiennent la médaille de sagesse, un drapeau aux couleurs de la classe est suspendu dans le couloir du Pensionnat. C'est tout ce qu'il y a de plus rare que le drapeau se trouve en même temps à la porte de chaque classe.

cour d'honneur, la plus digne de chaque classe portant l'étendard. Une cantate fut chantée à notre Mère qui, tout émue, regardait une à une ces enfants qu'elle aime. Et c'était vraiment plaisir de voir leurs charmants visages. Celles qui n'ont pas coutume de porter la médaille violette (1), se redressaient d'un petit air si gentil, qu'on eût voulu les embrasser toutes en récompense de leurs efforts.

Le lendemain dimanche, les élèves de la classe Blanche organisèrent une petite soirée pour la Communauté et le Pensionnat. Nous avons conservé quelques vers adressés au début à notre Révérende Mère :

Dans ce gai Pensionnat, quelle triste semaine !
Notre Mère était loin, et toute la huitaine
Laissant les examens, malgré le temps qui court,
Nos esprits s'envolaient, furtifs à Mattaincourt.
Pour cette étourderie, ah ! point de pénitence,
Car, aux lois du travail, notre légère offense
Etait bien pardonnable, il faut en convenir :
Ce sont là des méfaits qu'on ne saurait punir.
Vous revenez, Maman, d'un saint pèlerinage,
A vos chères enfants, long parut ce voyage !
Permettez-nous, ce soir de vous fêter encor,
Ne vous alarmez pas de ce nouvel essor.

(1) La médaille de sagesse est attachée à un ruban violet.

Demain nous reprendrons travaux, livres d'étude,
Silence et règlement, n'ayez d'inquiétude ;
Mais laissez-nous chanter, chacune vous en prie,
Le bonheur de revoir une Mère chérie.

. . . .

Puis furent représentées diverses scènes de la vie de saint Pierre Fourier. Notre Mère décerna de justes éloges aux Blanches. Outre qu'elles étaient très nombreuses, leur intelligence, leur bon esprit, leur union entre elles et l'affection si vraie dont elles nous ont donné maintes preuves, tout cela fait que les « Blanches de 1897 » (1) occuperont une grande place dans nos souvenirs.

(1) C'est le titre qu'elles se donnaient joyeusement.

Cour d'Hònneur du Monastère du Roule.

CHAPITRE VI

Dernière partie de l'année.

Sommaire. — Les vacances. — Nombreuses visites. — La veillée de Noël. — Martyrologe joyeux. — La messe de minuit. — Rénovation des vœux. — Consécration à l'Enfant-Jésus.

Le bon Dieu, cette année, nous a donné des joies en abondance; le temps des vacances lui-même, si calme d'ordinaire, a été passablement mouvementé. Dans le courant de septembre, une grande retraite eut lieu au monastère des Oiseaux. Le R. P. Labrosse, de la Compagnie de Jésus (1), trouva réunies pour l'entendre la plupart des R^{des} Mères Supérieures et Assistantes de notre Ordre. Notre Mère et la Mère Assistante y prirent part, ce qui fut pour nos sœurs tourières une perpétuelle occasion d'allées et venues entre le Roule et les Oiseaux.

A leur sortie du cénacle un grand nombre des religieuses eurent l'amabilité de venir nous voir

(1) Maître des Novices à Jersey.

avant leur départ. Ce fut un plaisir pour nous de faire connaissance avec ces vénérées Mères et de retrouver celles que nous connaissions déjà. La cordiale simplicité qui règne dans ces sortes de réunions, a quelque chose de tout à fait caractéristique.

Il nous semble que, du haut du ciel, notre glorieux Père doit aimer à voir ainsi ses Filles rassemblées : c'est le *cor unum et anima una* qu'il a tant recommandé, et que, sans doute, ses prières maintiennent dans la Congrégation de Notre-Dame.

Mais le temps du repos est passé, l'année scolaire s'ouvre, nos élèves reviennent, le travail recommence.

Dans cette vie d'études, les mois s'écoulent vite et nous voici bientôt arrivées à la fête de Noël, *troisième centenaire de la Fondation de notre Ordre*.

Ce centenaire ne saurait passer inaperçu, il importe de le célébrer de notre mieux ; ce qu'on fait, du reste, dans chaque Maison de Notre-Dame.

Pendant tout le mois qui précède, une troupe de pensionnaires s'assemblent mystérieusement chaque soir. Ne faisons pas de questions, c'est une surprise qu'on prépare.

Le 24 décembre, à midi, en arrivant au réfectoire, nous trouvons dans notre assiette une petite feuille contenant le martyrologe qui suit :

MARTYROLOGE JOYEUX

Noël 1597. — Noël 1897.

Octavo kalendas Januarii.
Luna prima.

Solemnia tertio sæcularia a Dominæ nostræ Congregatione condita. — Novum istud sacrarum Virginum Collegium, in Lotharingiæ oppidulo, cui nomen est Mattaincourt, eo ipso die ac eadem hora in qua Ecclesia Nativitatem Domini celebrat, institutum, in dies sub Regula sancti Augustini et Constitutionibus sancti Petri Forerii patris sui, floruit.

Anno Salutis Millesimo Octingentesimo Nonagesimo Septimo.

Reverendissima Matre Maria-Sophia hoc Monasterium, vernaculè Le Roule dictum, feliciter gubernante :

Octavo idus Januarii, in Epiphania Domini.

Apud Vaticanum, promulgatio, coram illustri Cardinalium senatu, decreti canonizationis Beati Petri Forerii a Leone decimo tertio Pontifice maximo, qui Servi Dei virtutibus adeo permotus est, ut hisce verbis exclamaret : *Admirabilis sanè causa !...*

Optatissimus ille nuntius subito Parisiis deferebatur, eum-

25e Jour de Décembre,
De la lune le premier.

La solennité du IIIe centenaire de la Congrégation de Notre-Dame, fondée à Mattaincourt, en Lorraine, l'an de grâce 1597, au jour et à l'heure où l'Eglise célèbre la Nativité du Sauveur. Laquelle Congrégation fleurit, dans la suite, sous la Règle de saint Augustin et les Constitutions de saint Pierre Fourier, son fondateur.

Année du Salut 1897.

Glorieuse pour la supériorité de la Révérende Mère Marie-Sophie, au monastère du Roule:

Le 6 Janvier, en la fête de l'Epiphanie.

Au Vatican, le Souverain Pontife Léon XIII, devant ses cardinaux assemblés, rendait le décret de canonisation de saint Pierre Fourier et manifestait son admiration pour les vertus du Saint par ces paroles : *Cause magnifique !*

Cette heureuse nouvelle était reçue le même jour au monas-

que gaudens accepit Mater hujus cœnobii præposita.

Sexto kalendas Junii, Die Ascensionis Domini nostri Jesu Christi Sacro.

Item Romæ, in principium Apostolorum Basilica, *canonizatio ejusdem Petri Forerii a Leone Papa decimo tertio.* — In hac autem solemnitate, personam supradicti Monasterii gerebant Mater Maria a Sancto Carolo, Superiorissæ vicaria, necnon Mater Maria a Sacratissimo Corde, alumnarum convictus præfecta.

Decimo Septimo, Sexto et Quinto kalendas Julii.

Solemne precationum triduum ad exaltandum novi cœlitis triumphum. — Ex his vero festis Reverendissima Mater Maria-Sophia, Sorores et puellæ maximam perceperunt lætitiam.

Quarto idus Julii.

Sacra peregrinatio Matris Mariæ-Sophiæ, cum Matre Maria a Sanctissimo Sacramento, apud oppidum Lotharingicum Mattaincourt ubi piæ effundebantur ab eis preces ad sepulchrum sancti Petri Forerii, Congregationis Dominæ-nostræ institutoris.

tère du Roule à Paris, par la Révérende Mère Marie-Sophie, Supérieure.

Le 27 Mai, Jour de l'Ascension de N.-S. J.-C.

A Rome, en la Basilique du Prince des Apôtres, *Solennité de la Canonisation de saint Pierre Fourier sous la présidence de Sa Sainteté Léon XIII.* Le monastère du Roule y était représenté par la Mère Marie Saint-Charles, assistante audit monastère, et la Mère Marie du Sacré-Cœur, préfète du Pensionnat.

Les 15, 16 et 17 Juin.

Au monastère du Roule, *triduum solennel pour exalter le triomphe de saint Pierre Fourier.* Ces fêtes comblèrent de joie et de consolation la Révérende Mère Marie-Sophie, ainsi que la communauté et le pensionnat.

Le 12 Juillet.

La Révérende Mère Marie-Sophie, accompagnée de la Mère Marie du Saint-Sacrement, se rendait à Mattaincourt, en Lorraine, pour y prier sur le tombeau de saint Pierre Fourier, fondateur de la Congrégation de Notre-Dame.

In hac Beatissima Nativitatis Salvatoris nocte,

Reverendissima Mater Maria Sophia cum gaudio ad præsepe illius, qui puer nobis hodie datur, sorores et convictus puellas adducit, ut omnes quarti sæculi pro Congregatione Dominæ nostræ spem præcipiant.

Deo gratias !!!

En cette Bienheureuse nuit de la Nativité du Sauveur,

La Révérende Mère Marie-Sophie a l'honneur et la joie de conduire au berceau du divin Enfant sa Communauté et son pensionnat, afin d'y saluer l'aurore d'un quatrième siècle glorieux pour la Congrégation de Notre-Dame.

Rendons Grâces à Dieu !!!

Venait ensuite le programme de la soirée :

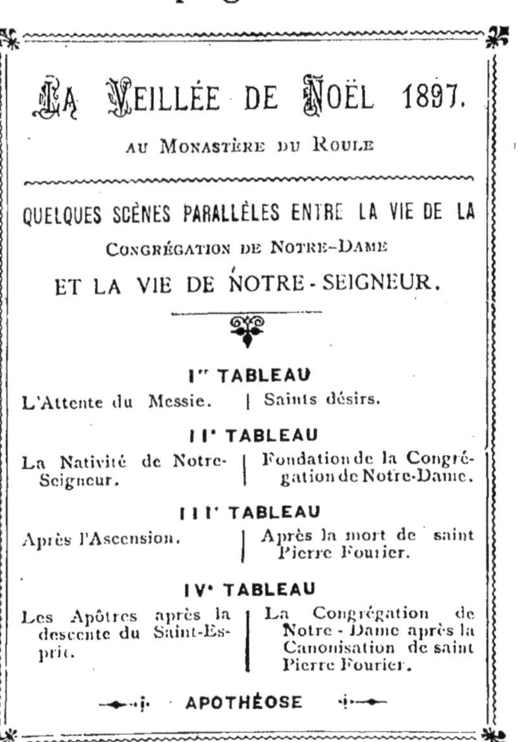

LA VEILLÉE DE NOËL 1897.

AU MONASTÈRE DU ROULE

QUELQUES SCÈNES PARALLÈLES ENTRE LA VIE DE LA CONGRÉGATION DE NOTRE-DAME ET LA VIE DE NOTRE-SEIGNEUR.

Ier TABLEAU

L'Attente du Messie.	Saints désirs.

IIe TABLEAU

La Nativité de Notre-Seigneur.	Fondation de la Congrégation de Notre-Dame.

IIIe TABLEAU

Après l'Ascension.	Après la mort de saint Pierre Fourier.

IVe TABLEAU

Les Apôtres après la descente du Saint-Esprit.	La Congrégation de Notre-Dame après la Canonisation de saint Pierre Fourier.

APOTHÉOSE

Une partie du mystère se dévoile, la veillée de Noël va nous offrir une représentation tout à fait grandiose. Tenons-nous bien éveillées pour regarder et pour entendre.

A l'heure dite, notre Mère Supérieure et la communauté se rendent à la salle des exercices, le pieux spectacle commence.

La scène est partagée en deux. D'un côté, nous voyons Bethléem ; de l'autre, Mattaincourt. Et tour à tour se succèdent les soupirs des prophètes, les mélodies des anges, les prières de la Sainte Vierge, les discours des apôtres ; tandis que, d'autre part, le Bienheureux Père, avec ces cinq premières Filles et les jeunes écolières de la Congrégation naissante, passent sous nos yeux et laissent dans nos cœurs les plus douces impressions.

Avant l'apothéose, le martyrologe joyeux est chanté aux grands applaudissements de toutes.

La soirée a duré près de deux heures, et personne ne l'a trouvée longue, les élèves de tout âge ayant parfaitement rempli leurs rôles. Ces tableaux si pieux nous ont bien préparées à l'office de la nuit, auquel la cloche nous appelle.

Le premier nocturne des matines se chante en grande pompe ; les deux autres sont psalmodiés. Pendant le chant du *Te Deum*, la chapelle s'illumine.

Qui dira alors l'aspect de notre cher sanctuaire ? Rien de gracieux comme les voiles blancs de nos enfants, tandis que les stalles sont occupées par les religieuses aux voiles noirs. A minuit sonnant, la messe commence. On entonne la pastorale qui ne saurait jamais nous lasser :

Votre divin Maître,
Bergers, vient de naître.

A l'offertoire, c'est un morceau de violon et orgue dont les notes pénètrent jusqu'au plus intime de nos âmes. Mais inclinons nos têtes, voici le moment de la consécration : *Verbum caro factum est et habitavit in nobis.* Ce Verbe fait enfant par amour pour nous, ouvrons-lui nos cœurs : la communion va nous l'apporter. L'heure est solennelle : il y a trois cents ans qu'en cette bienheureuse nuit de Noël nos premières Mères se séparèrent de la foule pour se consacrer au divin Epoux. En raison de ce souvenir nous voulons redire, à haute voix, les promesses sacrées de notre profession religieuse. Par une permission expresse de notre saint Cardinal, au moment où le prêtre va se retourner vers l'assistance pour dire *l'Ecce Agnus Dei,* notre Mère Supérieure commence, et nous disons toutes avec elle, l'acte de rénovation de nos vœux.

Aujourd'hui, vingt-cinq décembre, mil huit cent quatre-vingt-dix-sept, troisième centenaire de la Fondation de notre saint Ordre, je renouvelle ma profession et promets à Dieu, à la Très Sainte Vierge Marie, au Bienheureux Père Saint Augustin et à toute la Cour céleste, de garder Pauvreté, Chasteté, Obéissance, sous la Règle de Saint Augustin, en la Congrégation de la glorieuse Vierge Marie, et selon les Constitutions de saint Pierre Fourier, et de ne jamais consentir que l'instruction des jeunes filles, permise par le Saint-Siège et ordonnée aux dites Constitutions, soit délaissée.

On devine assez quels sentiments faisaient battre nos cœurs en prononçant ces paroles. Les assistants n'étaient pas moins émus, comme plusieurs nous l'ont affirmé, et nos enfants n'oublieront pas la nuit de Noël 1897.

Nos élèves de la classe gratuite furent invitées à assister à la grand'messe du jour. Pour le Salut, nos anciennes pensionnaires envahirent la chapelle. Le R. P. Béthune, rédemptoriste, rappela en termes très heureux comment la Congrégation de Notre-Dame a pris naissance au berceau même de l'Enfant-Jésus. Il nous exhorta à nous retremper dans l'esprit de nos saints Fondateurs, pour commencer, avec un élan nouveau, le quatrième siècle dont nous saluions l'aurore.

Ce quatrième siècle, nous l'avons consacré à Jésus Enfant, par un acte solennel que notre Mère Supérieure lut, au pied de la crèche, en présence de toute la Communauté. Nous ne pouvons mieux conclure notre humble travail, qu'en plaçant ici cette consécration, et de tout notre cœur nous la redisons à notre Bien-Aimé Jésus : (1)

ACTE DE CONSÉCRATION A L'ENFANT JÉSUS

Divin Enfant Jésus, après trois siècles d'existence et de travaux, de toutes les parties du monde où elle est répandue pour votre service et votre gloire, la Congrégation de Notre-Dame s'unit aujourd'hui dans un commun sentiment de reconnaissance et d'amour.

Humblement prosternée à vos pieds, elle vient de nouveau se consacrer à vous.

Née le même jour que vous, son modeste berceau a été semblable à votre crèche. Votre Mère

(1) La R[de] Mère Marie saint Pierre Fourier, Supérieure du monastères des Oiseaux, nous avait envoyé cet acte de consécration composé par le R. P. Labrosse, pour le troisième centenaire de notre fondation.

a été sa Mère, et sous sa maternelle protection, cette petite famille n'a cessé de grandir, de prospérer et de s'étendre. Ses travaux ont été bénis et partout, grâce à votre infinie bonté et en dépit de notre faiblesse, ils ont produit des fruits de salut dont nous sommes heureuses de vous rapporter l'honneur et le mérite.

Dans l'étable où nous prenions naissance à vos côtés, vous avez révélé et communiqué à votre serviteur, notre Fondateur et Père, saint Pierre Fourier, l'esprit qui devait nous animer.

C'est à vous, à votre Cœur adorable, que nous sommes redevables des bienfaits sans nombre dont, depuis trois siècles, nous avons été comblées ; et en ce jour, anniversaire de notre naissance, nous aimons à le reconnaître et à le proclamer.

Sans doute, les épreuves n'ont pas manqué, et plus d'une fois la souffrance, les angoisses de l'heure présente et les incertitudes du lendemain sont venues torturer nos cœurs. Mais nous avons compris et reconnu qu'en nous faisant sentir le poids de la croix, vous entendiez nous marquer de votre signe, nous rapprocher de vous, nous unir plus étroitement à votre Cœur et nous réserver un témoignage d'amour que vous ne donnez qu'aux âmes privilégiées. Et d'ailleurs, à l'heure de l'épreuve, vous ne nous avez jamais fait défaut ; toujours nous avons trouvé vos grâces pour nous éclairer, votre Mère pour nous consoler, votre Cœur pour nous fortifier.

Filles de Notre-Dame, c'est par l'entremise de cette glorieuse Reine, votre Mère et la nôtre, que nous vous remercions aujourd'hui des bienfaits passés, et que nous sollicitons les grâces à venir. C'est par Elle que, toutes ensemble, nous vous supplions humblement de renouveler en nous l'esprit primitif que nous avons reçu de vous : esprit de simplicité et d'humilité dans la prospérité ; esprit de dévouement et de générosité au milieu des travaux et des peines ; esprit d'amour en tout temps pour nous maintenir dans la joie et l'union à votre Cœur.

Daignez, Seigneur Jésus, exaucer nos vœux et réunir un jour au ciel toutes les Filles de la Congrégation de Notre-Dame, qui s'unissent en ce jour pour vous louer et vous bénir.

Ainsi soit-il.

APPENDICE

I. — Histoire abrégée de la fondation de notre monastère.

Thérèse Binard, née à Paris en 1775, devint orpheline de bonne heure et entra à l'abbaye de l'Assomption, où elle prononça ses vœux en 1794. Presque au lendemain de sa profession religieuse, la Révolution l'obligea de quitter cet asile. Elle s'attacha, dans sa fuite, à deux de ses Mères anciennes auxquelles elle se dévoua tout entière, les soutenant par son travail.

Un jour on l'arrêta et elle fut conduite, comme suspecte, à la geôle du comité de sa commune, puis à la fatale prison des Carmes. Après une captivité de dix-sept jours, elle fut délivrée, le 9 thermidor, par la chute de Robespierre. Elle courut aussitôt à la retraite occupée par les deux religieuses dont elle s'était constituée la protectrice, et reprit auprès d'elles son héroïque tâche.

A la fin de l'hiver 1796, Thérèse se trouva seule, la mort l'avait séparée de ses deux bonnes Mères. Peu de temps après, elle entra dans la Congrégation de Notre-Dame de Paris, dont les débris s'étaient réfugiés à Rungis, près de Choisy-le-Roi. Les religieuses vivaient là, sous la supériorité de la Mère Saint-Ambroise ; elles portaient l'habit séculier et remplissaient les fonctions d'institutrices. Difficile était la vie matérielle dans cette pauvre Communauté, dur était le labeur quotidien ; et pourtant Thérèse Binard n'hésita pas à se consacrer de nouveau à Dieu par les vœux de religion qui l'attachèrent à la Congrégation de Notre-Dame, en 1798.

La nouvelle professe, Sœur Marie-Euphrasie, ne goûta pas longtemps le calme dans cette solitude. L'année suivante, la petite Communauté dut quitter sa retraite. Mère Saint-Ambroise s'établit avec une partie de ses filles au petit hôtel de Chaulnes, rue d'Enfer, à Paris (d'où elle passa plus tard à l'Abbaye-aux-Bois) ; une autre fraction se fixa à Sceaux-Penthièvre, sous la conduite de la Mère Flavie. Sœur Marie-Euphrasie faisait partie de ce noyau. Mais un jour vint où les ressources manquant absolument, il fallut se disperser et rentrer dans le monde, en attendant des jours meilleurs. La pauvre orpheline restait seule, à vingt-sept ans, sans asile et sans ressources.

La Providence envoya à son secours une ancienne élève de Rungis (1) qui, ayant appris sa détresse, demanda à ses parents de recueillir sa chère maîtresse. Pour ne pas être à charge à cette famille, Sœur Marie-Euphrasie travailla de ses mains, et pour accomplir son vœu d'instruction, elle rassembla quelques enfants qu'elle instruisit gratuitement. Peu après, elle ouvrit un petit externat rue Saint-Jacques.

C'est alors qu'elle fut vivement pressée, par plusieurs ecclésiastiques distingués, de relever dans Paris l'Institut de la Congrégation de Notre-Dame, qu'ils regardaient comme anéanti par la dispersion de ses membres. Elle s'y refusa d'abord, effrayée d'une si grande tâche pour

(1) Mlle Fouchet fut une des premières pierres de la fondation. Elle prit le saint habit en 1809, sous le nom de Sœur Marie Saint-Joseph. Cette religieuse de grand mérite mourut prématurément en 1815.

laquelle elle se croyait impuissante ; mais on lui en fit une obligation de conscience et elle se soumit, non sans verser d'abondantes larmes.

Sur ces entrefaites, une pieuse dame ayant fondé en 1807, une école gratuite au Cloître-Saint-Benoît, à condition qu'elle serait tenue par une religieuse, le Comité de Bienfaisance jeta les yeux sur Sœur Marie-Euphrasie. Bientôt un petit pensionnat s'éleva près de l'école des pauvres. Dieu, qui bénissait cette œuvre naissante, envoya trois auxiliaires à la jeune fondatrice. Elles furent admises à la vêture en la nuit de Noël 1809, touchant souvenir de notre fondation. La prudence ne permettait pas encore de porter en public le costume religieux ; mais la Mère Euphrasie n'en mettait que plus de zèle à enseigner à ses Sœurs toutes les saintes pratiques qui entrent si bien dans l'esprit de nos Constitutions. Les novices y progressèrent tellement que, le 13 janvier 1811, elles eurent le bonheur de faire leur profession religieuse.

En l'année 1812, la petite Communauté fut transférée du Cloître Saint-Benoît à l'hôtel Torpane, rue des Bernardins (paroisse de Saint-Nicolas-du-Chardonnet). Les enfants pauvres affluèrent si vite à l'école qu'on en compta bientôt plus de deux cents ; le pensionnat prospéra également et quatre postulantes vinrent s'offrir à la Mère Euphrasie. Les grands événements qui se succédèrent pendant les années suivantes (la chute de l'Empire, les Cent-Jours, le rétablissement des Bourbons), n'entravèrent point les progrès toujours croissants de la Congrégation. Il fallut songer encore à chercher un établissement plus vaste. Le choix de Mère Euphrasie se fixa sur l'autel Mory, dit des Oiseaux, rue de Sèvres. Elle y transporta le pensionnat déjà composé de cinquante élèves, et ouvrit une école gratuite qu'occupèrent immédiatement les enfants du nouveau quartier (1818).

La maison des Bernardins ne fut pas abandonnée, parce que le bail devait encore durer trois ans. On y laissa trois religieuses pour continuer les écoles gratuites et l'externat payant. Cette séparation fut une cruelle épreuve et un immense sacrifice pour celles qui furent consacrées à cette œuvre ; elles avaient, du reste, l'espoir de se réunir à la maison des Oiseaux aussitôt l'expiration du bail.

Dieu en avait décidé autrement, et la Mère fondatrice semble en avoir eu le pressentiment : la maison des Bernardins devait former un troisième monastère connu aujourd'hui sous le nom du Roule. Mère Euphrasie y venait souvent encourager ses Filles, dont elle avait confié la direction à Mère Marie Fourier. Notre sainte Fondatrice, épuisée avant l'âge, mourut en 1819 et fut remplacée par la Mère Sophie.

Dès 1820, l'abbé Philibert, curé de Saint-Nicolas, mit tout en œuvre pour conserver à sa paroisse les religieuses de la Congrégation de Notre-Dame, dont l'influence était si considérable comme éducatrices des enfants pauvres ou riches à divers degrés ; (un petit pensionnat s'était formé aux Bernardins, plusieurs dames y logeaient aussi). Le zélé pasteur gagna à sa cause le Supérieur de la maison, M. l'abbé de Boislève, les R. P. Ronsin et Varin de la Société de Jésus et la R[de] Mère Sophie elle-même. Enfin, il fit si bien que Mgr de Quélen, archevêque de Paris, trancha la question et approuva complètement le projet.

Les trois religieuses des Bernardins, que nous pouvons appeler nos Fondatrices, s'inclinèrent devant la volonté de Dieu, manifestée par l'organe du premier pasteur du diocèse. Le bail fut renouvelé en janvier 1821. Nos Mères se mirent alors en devoir de se réinstaller dans cette maison où tout était resté à l'état provisoire depuis trois ans. Tout d'abord le service divin fut rétabli dans la chapelle domestique. Quant au matériel de la maison, il était réduit à la plus extrême pauvreté. Nos courageuses Mères, mises en demeure de se suffire à elles-mêmes désormais, durent passer une seconde fois par tous les soucis, toutes les sollicitudes d'une fondation première. Ce ne fut qu'au prix des plus dures privations personnelles qu'elles réussirent à pourvoir, peu à peu, d'une manière convenable, au bien-être de leurs pensionnaires et à se procurer, pour elles-mêmes, au fur et à mesure, un à un, les objets les plus indispensables à leur subsistance de chaque jour.

A partir de cette époque, les cérémonies de prise d'habit et de profession se firent non plus dans la chapelle des Oiseaux, mais dans celle des Bernardins. Pourtant l'élection canonique de la R[de] Mère Marie Fourier n'eut lieu qu'au mois d'octobre 1829. Dès lors l'indépendance parfaite des deux maisons était un fait accompli, ce qui n'empêche pas la bonne harmonie et les rapports tout fraternels.

Il ne nous reste plus qu'à mentionner les divers locaux par où passa la communauté des Bernardins. Elle se transféra d'abord rue le Valois, le 21 novembre 1827; rue Neuve-Saint-Paul en décembre 1831 ; enfin au faubourg du Roule (bientôt appelé faubourg Saint-Honoré) en 1833, dans la maison de M. le baron Hyde de

Neuville, et grâce à des conditions tout exceptionnelles qu'il voulut bien offrir lui-même à la R[de] Mère Saint-François de Sales (1).

En 1859, la Ville ayant demandé l'expropriation, on bâtit sur le nouveau terrain la maison actuelle avec façades sur le nouveau boulevard Monceau (appelé ensuite avenue de la Reine-Hortense et aujourd'hui avenue Hoche) et la rue Beaujon. Les travaux furent conduits avec rapidité, sous l'intelligente direction de la R[de] Mère Saint-Pierre. Le pensionnat ayant été aménagé le premier, la salle des exercices servit de chapelle provisoire pendant un an. La bénédiction des lieux réguliers eut lieu le 29 septembre 1860, et celle de la nouvelle chapelle, le 11 novembre de la même année. S. E. le cardinal Morlot voulut bien faire lui-même ces deux cérémonies.

(Tiré du « Troisième Monastère de la Congrégation de Notre-Dame à Paris ».)

(1) Elle était supérieure depuis 1832, époque où mourut la sainte Mère Marie Fourier, atteinte du choléra.

II. — Listes des Vendeuses *au Roule, en décembre 1897.*

Mme de Montgermont,
Mme la Marquise de Sayves,
Mme la Comtesse de Lambertye,
Mme et Mlle Delpy,
Mmes Gibert,
Mme Brunet-Vivien,
Mlle Raymond,
Mme et Mlle Gouin,
Mme Georges Pommier,
Mlle Ribon,
Mlle Dhomé,
Mme et Mlles de Salverte,
Mlle Leymarie,
Mlle Gaume,
Mme et Mlle N. Topin,
Mme Robert,
Mlle Bonneau,
Mlle Macédo,
Mlle de Guillebon,
Mme de Saules,
Mlles Vengochea,
Mme Coquelet.

III. — Lettre de M. l'abbé Gény.

Rome, 27 mai 1897. — 2 heures.

Ma Révérende Mère,

Fidèle à ma promesse, je vous écris en grande hâte aussitôt après la superbe cérémonie à laquelle nous venons d'assister.

Il était exactement 10 h. 30 (heure romaine, c'est-à-dire 9 h. 35 à Paris) au moment où Léon XIII a prononcé le décret de canonisation de saint Pierre Fourier. Le temps était brumeux ce matin, et par une permission du bon Dieu, un rayon de soleil a traversé la coupole de Saint-Pierre, tandis que nous chantions de tout notre cœur le *Te Deum*. J'ai eu soin de signaler le fait à Mère Saint-Charles et à la Révérende Mère Supérieure du monastère des Oiseaux. Il m'est difficile en quelques mots rapides de vous donner une idée complète de la cérémonie d'une canonisation.

Imaginez une église beaucoup plus vaste que le Panthéon ou les Invalides, dont la décoration a exigé, dit-on, 8.000 mètres d'étoffe de soie. Plus de 900 lustres de cristal suspendus à la voûte de la nef ou formant le tour des arcs et de la grande coupole de Saint-Pierre. Bref, l'illumination a exigé plus de 18.000 cierges.

A chacun des quatre piliers, qui supportent la coupole de Saint-Pierre et entourent la Confession ou maître-autel de la Basilique, se trouve un immense étendard. Celui-ci représente un des miracles des Bienheureux Fourier et Zaccaria, reconnus authentiques pour leur canonisation. Chaque étendard de 9 mètres sur 6 mètres est entouré de draperies rouges à crépines d'or.

La procession précédant l'arrivée du Souverain Pontife, a duré près d'une heure et demie. Elle se composait des représentants (tous ayant des cierges) de tous les Ordres religieux, des simples prélats, des Congrégations romaines, de plus de 350 évêques, archevêques et cardinaux. Enfin apparaît Léon XIII porté sur la *sedia gestatoria*, tenant un cierge de la main gauche et bénissant de la droite la foule des assistants, estimée au chiffre d'environ 50.000 personnes.

La cérémonie, d'après l'usage, a commencé par les prières que le Souverain Pontife demande toujours avant de procéder au décret de canonisation ; c'est le chant des litanies des Saints, la récitation du *Miserere* et enfin le *Veni, Creator*. Puis le Souverain Pontife a rendu le décret solennel à 10 h. 30 (heure romaine), et nous chantons avec ferveur le *Te Deum* (auquel nous ajoutons mentalement l'invocation : saint Pierre Fourier, priez pour nous, pèlerins à Rome, et pour tous nos chers absents...) Le Pape, dans le décret, a fixé la fête au 9 décembre, jour de la mort de votre saint Fondateur.

Après la cérémonie proprement dite de la canonisation, le Doyen des Cardinaux a commencé la grand'-messe qui a duré deux heures, à cause des longs mais magnifiques chants exécutés par les artistes de la chapelle Sixtine. Quelle jouissance pour notre chère organiste, Mère Madeleine, si elle avait entendu cette belle messe de Palestrina, les chœurs et les soli de centaines de voix se faisant entendre du haut de cette merveilleuse coupole suspendue au-dessus de nos têtes, et au moment de l'élévation cette suave sonnerie des trompettes d'argent ! (Quelle allégresse au ciel, si on y entend des harmonies analogues, puisque celles de la terre n'en peuvent être pour nous qu'un faible écho) !

Au début de la messe, Léon XIII est descendu de son trône pour réciter au bas de l'autel avec le célébrant le *Confiteor* (dans lequel on intercale aujourd'hui le nom des deux nouveaux saints). Pour nous montrer sa jeunesse... relative, le Souverain Pontife, à l'aller et au retour, a parcouru la distance de son trône à l'autel (60 mètres environ) non pas en marchant, mais en courant, voulant sans doute prouver à tous ses enfants présents que ses jambes de 87 ans sont encore solides. Cette marche rapide a été fort remarquée et a causé une grande satisfaction à tous ceux qui en ont été les heureux témoins.

Durant la grand'messe, à part les chants de la chapelle Sixtine, je ne vois à vous signaler que les particularités de l'offertoire et la bénédiction papale.

A l'offertoire, le cardinal promoteur de la cause de chaque nouveau saint est venu en procession suivi d'un nombreux clergé, offrir au Souverain Pontife :

1° Cinq cierges, sur lesquels se trouve l'image du saint et pesant 60 livres romaines ;

2° Deux pains, l'un doré, l'autre argenté ;

3° Deux petits barils, l'un de vin, l'autre d'eau ;

4° Trois cages renfermant l'une, deux tourterelles,

l'autre, deux colombes et la dernière plusieurs petits oiseaux. Le R. P. abbé Dom Rousseau portait l'une de ces cages.

Cette offrande a duré fort longtemps, car elle s'est répétée indentiquement pour le B. Zaccaria comme pour saint Pierre Fourier.

A la fin de la messe, le Souverain Pontife est passé sous notre tribune en retournant à la sacristie. J'ai cédé volontiers ma place à Mère Saint-Charles, comme M. Bureau la sienne à la R[de] Mère Supérieure des Oiseaux, pour leur permettre de contempler à loisir les traits de Léon XIII. Notre Saint-Père le Pape ne paraissait pas trop fatigué de cette grandiose mais longue cérémonie. Il s'est levé un instant de sa *sedia* au moment où il passait devant notre tribune. Nous nous sommes alors profondément inclinés pour recevoir sa bénédiction.

Nous espérons pouvoir assister dimanche à la messe du Souverain Pontife. Rien n'est encore bien décidé.

Ma Révérende Mère, désirant que ma lettre vous arrive sans retard, je vais vivement la jeter à la poste. Je n'ai plus qu'une seconde pour vous exprimer en toute sincérité sacerdotale mes sentiments dévoués en Notre-Seigneur.

P. GÉNY.

IV. — DÉCRET

(pour le diocèse de Toul et de Saint-Dié) de canonisation du Bienheureux Pierre Fourier de Mattaincourt

prêtre lorrain,
Maître général et réformateur de la Congrégation dite de Notre-Sauveur
de l'ordre des Chanoines Réguliers de Saint-Augustin,
et fondateur
des Religieuses de la Congrégation du titre de Notre-Dame
sous la Règle du même saint Augustin.

QUESTION PROPOSÉE

« *Après le culte de vénération permis envers ce Bienheureux, y a-t-il eu des miracles constatés et quels sont ces miracles ?* »

La sainteté est un caractère si spécial à l'Église, qu'elle est une de ses marques et une de ses propriétés distinctives. D'ailleurs cette sainteté, qui prend sa source dans la personne et la doctrine de son chef, le Christ, doit nécessairement briller aussi dans les membres de cette Église. C'est pourquoi, dans tous les temps, il s'est trouvé des hommes remarquables par leur piété, qui donnèrent l'exemple de toutes sortes de vertus, et se consacrèrent avec ardeur au service du prochain. Si ce fait s'est produit quelquefois dans les époques antérieures, il s'est manifesté avec un grand éclat dans le cours du XVIIe siècle. Sans citer ici les noms de Saint François de Sales et de Saint Vincent de Paul, personne n'ignore quelle réputation de sainteté s'est acquise le Bienheureux Pierre Fourier de Mattaincourt, prêtre du diocèse de Toul. Dès sa plus tendre enfance, il se distingua par la pureté de ses mœurs et l'intégrité de sa vie. Dans sa conduite on ne pouvait rien remarquer qui s'éloignât le moins du monde de la modestie chrétienne, des règles de la justice et de la vertu. Admis dans les rangs des chanoines qui ont emprunté leur nom à Saint Augustin, il remplit les obligations de la vie religieuse avec une application et une allégresse bien admirables. Curé de la paroisse de Mattaincourt, il est difficile d'exprimer avec quel zèle il veilla sur le troupeau confié à sa garde. Avant tout, il eut à cœur d'empêcher les propos impies contre Dieu et les Saints, la profanation des jours de fête par les danses, débauches ou toute autre réjouissance entraînant l'oubli ou le mépris de la religion, et enfin la propagande du vice que favorise la certitude de l'impunité. Il mit tout son soin à instruire le menu peuple des éléments de la foi, à exciter la piété dans l'âme des enfants, à détruire la haine dans les cœurs, et à réchauffer dans toutes les classes de citoyens l'amour de la vertu et de la religion. Restaurateur de l'antique discipline et maître suprême de la Congrégation dite de *Notre-Sauveur*, il la dota de règles sages et conformes aux besoins de la vie parfaite. Il fonda des communautés de Vierges, leur donna des Constitutions et leur imposa le nom de « *Notre-Dame* ». Il voulut que ces religieuses employassent leur zèle et intelligence à instruire honnêtement les jeunes filles, et par une direction prudente, leur apprissent, dès leur jeune âge, à remplir régulièrement les devoirs de la religion et à se livrer aux travaux convenables aux personnes bien élevées. La charité du Bienheureux Pierre s'exerça avec un éclat non moindre envers son peuple, car le bien et le salut des âmes furent sa règle suprême. Bref, tous les actes de sa vie dénotent une vertu et une sainteté si éminentes, qu'on s'étonne à bon droit du retard apporté à lui obtenir les honneurs décernés aux Saints. Mais, si on réfléchit que la volonté de Dieu règle tout, si on songe à l'époque impie dans laquelle nous vivons, on comprend sans peine, non seulement l'opportunité, mais encore l'utilité pour notre siècle de voir inscrire au rang des Saints du ciel cette homme religieux. Car il est d'un excellent exemple de mettre en évidence, d'abord qu'il ne faut pas placer les vrais biens et le bonheur réel dans les passions, mais dans les vertus ; ensuite, que la vie présente n'est pas le terme, mais une étape de l'existence, ou, comme le dit l'Apôtre, que nous ne devons point chercher ici-bas de demeure permanente, puisque la vie future seule nous la réserve... Quant aux miracles, sans parler de beaucoup d'autres plus anciens, il convient de leur ajouter les deux plus récents qu'il a plu à Dieu d'opérer par l'intercession du Bienheureux Pierre Fourier.

Le premier eut lieu au mois d'octobre 1867. Marie-Alexandra, religieuse de la Congrégation de *Notre-Dame*, au monastère de l'*Abbaye-aux-Bois*, diocèse de Paris, en portant un paquet de linge, fit une chute. Son genou droit heurta violemment l'escalier ; elle en éprouva une si profonde douleur qu'elle crut sa mort prochaine. La souffrance cependant disparut quelques jours après. Mais, l'année suivante, au mois d'avril, elle reprit avec une telle recrudescence que la malade dut prendre le lit. A la douleur s'ajoutèrent la fièvre, l'épuisement, les évanouissements et le dégoût de nourriture. De jour en jour le mal s'accrut ; les remèdes des médecins furent inutiles ; tout espoir de guérison fut perdu. Le dernier jour paraissait arrivé, quand la malade et ses compagnes invoquèrent le Bienheureux Pierre et appliquèrent ses reliques sur la jambe douloureuse. Fait admirable à rapporter ! Aussitôt, Marie-Alexandra se trouve mieux, saute à bas de son lit et entre en pleine convalescence.

L'autre miracle arriva le 23 juin 1881 au couvent de Strasbourg. Marie-Françoise, religieuse de la même Congrégation, était rongée depuis plusieurs années par un ulcère à l'estomac et passait les jours et les nuits dans d'atroces tourments. Elle implore le secours du Bienheureux Pierre et fait à cette intention une neuvaine. Le dernier jour, aucune espérance de guérison ne se manifeste, mais un sommeil soudain la saisit. A son réveil, elle se sent guérie. Elle se lève, se rend à la chapelle du couvent, assiste à la messe, prend part au banquet eucharistique, et rend des actions de grâces à son Sauveur dont, ce jour-là, on célébrait la fête.

En conséquence, les Postulateurs demandèrent avec instance que la cause fût plaidée de nouveau, et avec la grâce de Dieu que la canonisation du Bienheureux Pierre fût menée à bonne fin. La cause fut en effet reprise, le procès apostolique sur les deux miracles rapportés eut lieu, et leur certitude fut reconnue. Puis, selon la coutume, dans une réunion antépréparatoire, tenue dans la résidence du R^me^ cardinal Cajétan Aloisi-Masella, Préfet de la Sacrée Congrégation des Rites et du Rapporteur, la veille des Ides de Mai 1895 ; et ensuite, dans la séance préparatoire au palais apostolique du Vatican, le onze des calendes de Mai 1796, le procès fut introduit et plaidé avec soin. Enfin, le quinze des calendes de Décembre, de cette même année, la Sacrée Congrégation des Rites s'étant réunie au complet en présence de Notre Très Saint-Père Léon XIII, Pape, par l'entremise du R^me^ cardinal Cajétan Aloisi-Masella, Préfet de la Sacrée Congrégation des Rites, nommé plus haut, et du Rapporteur, la question fut proposée : « *Après le culte de Vénération permis envers le Bienheureux, y a-t-il eu des miracles constatés et quels sont-ils ?* » Le Saint-Père, après avoir recueilli les suffrages des Consulteurs et des vénérables Cardinaux, prononça un discours remarquable. Ce jour-là néanmoins, rien ne fut décidé, pour donner à la prière le temps de mériter l'assistance divine dans une affaire si importante et si difficile.

Mais, en ce jour, où les trois Mages vinrent adorer l'Enfant-Dieu, dont le Bienheureux Pierre a paru imiter la patience et l'humilité, Notre Très Saint-Père, après la pieuse célébration des saints Mystères dans sa chapelle privée, fit venir dans son palais du Vatican le Révérendissime cardinal Cajétan Aloisi-Masella, Préfet de la Sacrée Congrégation des Rites et le Rapporteur de la cause, avec le R. P. Gustave Persiani remplissant les fonctions de Promoteur, et moi-même le secrétaire soussigné. En présence de tous ces témoins, il porta le décret solennel suivant :

« *Il y a constatation des deux miracles ;* savoir le premier : *la guérison instantanée et parfaite de Mère Marie-Alexandra, religieuse professe de la Congrégation de Notre-Dame au monastère de l'Abbaye-aux-Bois, d'une très grave arthrite au genou droit ;* le second : *la guérison instantanée et parfaite de Marie-Françoise, sœur coadjutrice au monastère de Notre-Dame de Strasbourg, de l'Ordre des Chanoinesses Régulières de Saint-Augustin, d'un très grave ulcère à l'estomac.*

L'ordre de publier ce décret et de l'inscrire dans les actes de la Sacrée Congrégation des Rites a été donné le VIII des Ides de janvier, MDCCCXCVII par

CAJÉTAN, Card. Aloisi-Masella, *Préfet de la S. C. R.*
DIOMEDES, Panici, *Secrétaire de la S. C. R.*

L. † S.
Place du Sceau
Imprimerie du Vatican.

V. — DÉCRET DÉCLARANT QU'ON PEUT PROCÉDER A LA CANONISATION.

DÉCRET

(pour le diocèse de Toul et Saint-Dié) de canonisation du Bienheureux Pierre Fourier de Mattaincourt

prêtre lorrain
supérieur général et réformateur de la Congr. de Notre-Sauveur
de l'Ordre des Chanoines Réguliers de Saint-Augustin
et fondateur des Religieuses de la Congrégation Notre-Dame
sous la Règle du même saint Augustin

QUESTION :

« Vu l'approbation des deux miracles, peut-on, *en sûreté* procéder à la canonisation du Bienheureux ? »

L'Église a coutume de décerner les honneurs des Saints et de transmettre à la postérité le souvenir des hommes qui ont confessé le Christ soit par l'effusion de leur sang, soit par l'exemple éclatant de leurs vertus. Parmi ces derniers, il faut inscrire à bon droit le nom du Bienheureux Pierre Fourier, né en 1565 à Mirecourt, bourg célèbre de Lorraine. Il eut l'avantage d'avoir des parents qui, par leurs conseils et leurs exemples, formèrent son intelligence et son cœur au respect et à la pratique des bonnes mœurs. Il se livra avec une grande ardeur à l'étude des lettres et des sciences. Estimant la vertu supérieure au savoir et voulant la cultiver avec plus de perfection, il entra dans l'ordre des Chanoines sous la règle de saint Augustin.

Après avoir parcouru le cercle des études, il prit rang dans la milice sacrée de N.-S. J.-C. et acquit une réputation unanime de vertu et de science. Nommé curé de Mattaincourt, il ne voulut point laisser prendre en défaut ni sa foi ni son zèle.

Tout son temps, sans en perdre une minute, fut employé au soulagement des âmes. Entendre les aveux des pénitents, consoler les malades, assister les mourants, subvenir à l'indigence des pauvres, donner volontiers des consultations pour empêcher les procès, fut son bonheur. Dès lors on s'explique pourquoi l'Évêque de Toul l'envoya à diverses reprises visiter les paroisses de son diocèse ; pourquoi le cardinal Légat le chargea de saintes missions dans toute la Lorraine pour le bien des âmes. Le succès de son dévouement est attesté par les haines nombreuses qu'il étouffa, les querelles qu'il apaisa, les complots criminels qu'il déjoua, les erreurs qu'il dissipa et le nouvel éclat qu'il donna à la religion.

A cette époque l'Ordre des Chanoines Réguliers était déchu de son austérité primitive. Le Bienheureux Pierre employa tous les ressorts de son zèle à le réformer. Pensant que les exemples sont plus efficaces que les exhortations, il se fit remarquer par une conduite exemplaire. Il pratiqua au plus haut degré l'humilité, la chasteté, la prudence et surtout l'austérité au point de mortifier son corps par les coups de la discipline et le port d'une ceinture armée de pointes aiguës. Le succès répondit pleinement à son dévouement et à ses labeurs. Son Ordre revint à son antique régularité ; il en devint comme le second Père et un nouveau réformateur. Il entreprit une autre œuvre non moins utile : ce fut la fondation d'une communauté de Vierges sous le patronage de Notre-Dame et dont la mission spéciale devait être l'éducation des jeunes filles pauvres. Il attira l'attention de tous ses contemporains à la fois par ses vertus et ses actions. Après sa mort, il reçut les hommages accordés aux hommes de vertu remarquable. L'éclat des miracles donna un nouveau lustre à ses mérites. Aussi, après l'examen ordinaire, Benoît XIII lui décerna les honneurs des Bienheureux. La cause fut de nouveau introduite, on fit le procès sur deux miracles dont Notre Saint-Père le Pape Léon XIII, le jour même de l'Épiphanie, déclara la certitude.

D'après les règles de ce Tribunal sacré, il ne restait plus qu'une seule question à résoudre : Peut-on décerner les honneurs des Saints au Bienheureux Pierre Fourier de Mattaincourt ? Dans une assemblée générale de la Sacrée Congrégation tenue en présence de Sa Sainteté, le quatorze (1) des calendes de février, le Révérendissime cardinal Cajétan Aloisi-Masella, Préfet de la Sacrée Congrégation des Rites et Promoteur de la cause, proposa la question suivante : « Vu l'approbation des deux miracles, peut-on *en sûreté* procéder à la canonisation solennelle de ce Bienheureux ? »

Bien que les Révérends Cardinaux et les Pères consulteurs eussent répondu par un vote unanime qu'on le

(1) 19 janvier.

pouvait, Notre Saint-Père refusa de faire connaître son opinion, désirant par des prières prolongées obtenir le secours de l'assistance céleste.

Le Dimanche de la Septuagésime de l'année courante, après avoir offert l'Hostie du salut, il fit demander dans son palais du Vatican le R^{me} cardinal Cajétan Aloisi-Masella, Préfet de la Sacrée Congrégation des Rites et Postulateur de la cause, le R. P. Gustave Persiani en qualité de Promoteur de la Foi, et moi, secrétaire soussigné. En notre présence, il déclara : « Qu'en toute sûreté on pouvait procéder à la canonisation solennelle du Bienheureux Pierre Fourier de Mattaincourt. »

Ce Décret de droit public a été inséré dans les actes de la Sacrée Congrégation des Rites ; les lettres apostoliques authentiques pour célébrer les fêtes de la Canonisation dans la basilique patriarcale du Vatican ont été expédiées le seize (1) des calendes de mars de l'année 1897, sur l'ordre de

CAJÉTAN, Cardinal ALOISI-MASELLA,
Préfet de la S. C. des Rites.

DIOMEDES PANICI,
Secrétaire de la S. C. des Rites.

L. † S.
Place du Sceau
Imprimerie Vaticane.

(1) 14 février.

VI

Lettres apostoliques de Notre Très Saint-Père et Seigneur Léon XIII

Pape par la divine Providence,
décernant les honneurs des Saints
au Bienheureux Pierre Fourier
Chanoine Régulier,
Réformateur de la Congrégation de Notre-Sauveur
et
Instituteur de la Congrégation des Religieuses
de Notre-Dame

Léon Évêque

Serviteur des serviteurs de Dieu
pour perpétuelle mémoire

PRÉAMBULE

Nous avons reçu de Dieu ce commandement: que celui qui aime Dieu aime aussi son prochain. (I. S. Jean, ch. IV, 21). La charité n'a, en effet, qu'un précepte unique, lequel nous oblige à aimer Dieu et le prochain pour l'amour de Dieu. « A vrai dire, *le motif que nous avons d'aimer le prochain n'est autre que Dieu, car en aimant le prochain, que désirons-nous, sinon de le voir uni à Dieu? Il en résulte que ces deux actes par lesquels nous aimons Dieu et le prochain ne diffèrent pas spécifiquement, et pour cette raison l'habitude de la charité ne se borne pas à l'amour de Dieu, mais s'étend encore à l'amour du prochain.* » (S. Thomas. Quest. XXV, art. 13.) Aussi ceux qui cherchent à séparer l'amour du prochain de l'amour du Souverain Bien, — ce qui constitue vraiment la charité — et veulent introduire à sa place je ne sais quelle *philanthropie*, ceux-là détournent le genre humain de sa fin dernière qui est Dieu, et s'efforcent de réduire à néant la plus sublime des vertus.

De là cette déplorable et pernicieuse erreur qui incline les hommes, lorsqu'ils cherchent à procurer le bonheur de leurs semblables, à ne compter pour rien les biens de l'ordre spirituel, ou du moins à les reléguer bien après les avantages qui n'ont pour but que la culture du corps et de l'esprit ou, comme ils disent, le progrès humanitaire. Les Saints nous montrent par leurs exemples plus excellemment que par de simples paroles combien cette manière d'agir s'éloigne des enseignements du Christ. C'est pourquoi, très chers fils, contemplez cet admirable modèle de charité que l'Église vous met aujourd'hui sous les yeux, afin d'obtenir par l'intercession de saint Pierre, dont vous serez les imitateurs, de puiser à sa source même qui n'est autre que Notre-Seigneur Jésus-Christ, la charité, véritable robe nuptiale dont on doit être revêtu sous peine d'être jeté *pieds et poings liés, dans les ténèbres extérieures.* (S. Matth. ch. XXII, 13.)

Naissance de saint Pierre Fourier à Mirecourt le 30 novembre 1565.

Pierre Fourier naquit d'une famille honnête à Mirecourt, ville de Lorraine, le 30 novembre de l'an de grâce 1565. Son père, Dominique Fourier, et sa mère, Anne Nacquart, s'étaient rendus très recommandables par leur attachement à la religion catholique et la pratique des vertus chrétiennes. Ils élevèrent avec le plus grand soin ce fils qu'ils affectionnaient spécialement en raison des qualités admirables qui se firent remarquer en lui de bonne heure. Ce jeune adolescent pratiquait déjà des vertus bien au-dessus de son âge et donnait des preuves d'un esprit très délié ; aussi se vit-il confié par ses parents aux Pères de la Compagnie de Jésus pour être instruit dans leur collège de Pont-à-Mousson, alors très renommé en Lorraine, sous le double rapport de la science et de la piété.

Poussé par un attrait divin, il entre chez les Chanoines Réguliers au monastère de Chaumousey.

Ses humanités et sa philosophie une fois achevées, Pierre, avant de s'adonner à de plus hautes études, songea à se choisir un état de vie ; après de longues et mûres délibérations, il résolut, sous l'inspiration d'en haut, d'embrasser l'Institut des Chanoines Réguliers. Il entra donc au monastère de Chaumousey où, après un noviciat exemplaire, il fit profession, à la joie de tous ceux qui fondaient sur lui les plus belles espérances.

Durant le cours de ses études,
il retire pour son âme les plus grands avantages
de la société d'amis pieux.

De retour à l'Université de Pont-à-Mousson pour s'y initier aux sciences sacrées, il se lia d'amitié avec deux de ses condisciples, Lairuels et de La Cour. Le premier était destiné à rétablir l'observance parmi les moines Prémontrés ; le second devait bien mériter de l'Ordre de Saint-Benoît et se rendre célèbre par la fondation des monastères de Saint-Victor et de Saint-Adolphe. Pierre se plaisait beaucoup en leur société. Il en retira, ainsi que de la fréquentation de son parent, le Jésuite Jean Fourier, si estimé de saint François de Sales, de précieux avantages qui ne l'aidèrent pas peu plus tard dans la réforme du monastère de Chaumousey.

Il allie au sacerdoce : la charité, la prière et une rigide pénitence.

Aussi, étant revenu à ce monastère et après avoir été élevé au sacerdoce, entreprit-il de montrer, plutôt par ses exemples que par de vaines paroles, ce qu'on est en droit d'attendre d'un vrai religieux. Il pria bientôt son Abbé de lui permettre de distribuer chaque jour aux pauvres la plus grande part de sa nourriture, se contentant pour son entretien de légumes, de racines bouillies et de vin très mélangé d'eau ; s'adonnant uniquement à la prière, à la contemplation et à la plus austère pénitence.

De trois bénéfices à charge d'âmes qu'on lui propose, il choisit le plus pauvre et y inaugure son ministère en la solennité de la Fête-Dieu.

On devina sans peine à quelle perfection Pierre s'était élevé, quand on lui proposa le choix de trois bénéfices vacants. Il retint pour lui le plus pauvre ; c'était une paroisse composée de gens vicieux et tellement hostiles à la foi catholique qu'on la surnommait communément « *la petite Genève* », où il y avait, disait-on, des charges multiples et de maigres revenus. Ce village se nommait Mattaincourt. Le Bienheureux Pierre y fit son entrée aux approches de la solennité de la Fête-Dieu. Il voulut prendre possession de sa paroisse en portant triomphalement en procession le Très-Saint-Sacrement. Il y parut environné de tant de majesté, qu'à son aspect, les cœurs se sentirent pénétrés de foi et de repentir. Pierre acheva de les gagner dans un chaleureux et paternel discours, où il les entretint de l'ineffable amour de Jésus-Christ pour les hommes, et du désir que lui-même éprouvait d'imiter un aussi bon Pasteur jusqu'à la mort, qu'il n'hésiterait pas à endurer pour chacune de ses ouailles. Aussi alla-t-on jusqu'à regarder comme une espèce de miracle l'érection faite par lui, en ce lieu considéré jusqu'alors comme l'entrepôt de l'enfer, de trois florissantes confréries. Il institua la première en l'honneur de Notre-Dame du Très Saint Rosaire ; la seconde sous le vocable de l'Immaculée Conception, privilège de la Mère de Dieu dont Pierre se montra l'infatigable défenseur ; la troisième sous le patronage de saint Sébastien.

Pierre en raison de l'admirable transformation de sa paroisse est proposé aux autres Curés comme modèle par l'Évêque.

La nouvelle de cette prodigieuse transformation se répandit bien vite dans tout le diocèse de Toul, et, de divers points, on vit les foules accourir à Mattaincourt. L'évêque de Toul proposa Pierre comme modèle à ses curés, et lui ordonna de parcourir en tous sens son diocèse pour l'évangéliser. Cette mission eut un si grand succès que les vertus chrétiennes languissantes et éteintes, pour ainsi dire, refleurirent de nouveau ; l'hérésie de Calvin qui, déjà en plusieurs endroits, s'étalait au grand jour, fut réprimée.

Pierre fonde diverses institutions, qui, moyennant la libéralité des riches, tournent au bien de la société.

Tout en s'occupant de l'avancement spirituel du peuple confié à sa sollicitude, il n'avait garde de négliger ce qui était de nature à favoriser ses intérêts temporels. Dans ce but, il créa diverses institutions, dont se glorifient les plus célèbres économistes modernes et qui ne peuvent manquer de tourner à l'avantage de la société et à l'union des esprits, si le souffle de la charité chrétienne les anime. Il sut si bien inculquer à ses paroissiens le précepte de l'aumône, qu'à Mattaincourt, les privilégiés de la fortune semblaient lutter de générosité dans la distribution de leurs largesses, et que celui-là était considéré comme le plus riche, qui avait été le plus libéral envers les pauvres.

En 1615, Paul V approuve les Chanoinesses Régulières dites de Notre-Dame, instituées par Pierre. Urbain VIII donne à l'Institut le nom qu'il devra porter, et l'enrichit de privilèges.

Mais le Bienheureux Pierre eut principalement à cœur de répandre parmi le peuple chrétien les bienfaits d'une instruction parfaite. A cette fin, il déclara une guerre implacable à une coutume perverse qui commençait alors à s'implanter, c'est-à-dire aux écoles mixtes ; ayant réussi à préserver Mattaincourt de ce fléau, et désireux de l'extirper aussi des autres paroisses, il conçut le projet de fonder une vaste et durable association de Vierges, vouées à l'éducation gratuite des jeunes filles, et qui les formeraient à la science et à la piété. Cette salutaire institution se développa, avec le secours de Dieu d'une façon si admirable que, maintenant encore, non seulement en Europe et dans les autres parties de l'ancien monde, mais jusqu'en Amérique, elle produit des fruits merveilleux. Le Pape Paul V, d'heureuse mémoire, l'approuva le 1er février 1615 ; dans la suite, Urbain VIII l'enrichit de précieux privilèges et décréta que les religieuses de cet Ordre seraient vraiment et porteraient le nom de Chanoinesses Régulières de Saint-Augustin de la Congrégation de Notre-Dame.

Grégoire XV, en 1629, approuve canoniquement la réforme des Chanoines Réguliers introduite par l'évêque de Toul avec le concours de saint Pierre Fourier.

Cependant, Pierre ne négligeait rien pour promouvoir et perfectionner parmi les Chanoines Réguliers la réforme qu'il avait commencé d'introduire en donnant lui-même l'exemple, et obtenir pour elle la sanction canonique de l'autorité compétente. Cet homme de Dieu dut, en effet, s'attrister profondément en voyant en ces contrées ce saint Ordre, dont l'histoire renferme de si belles pages, que tant d'hommes illustrèrent par leur science et leur piété, où saint Dominique, saint Bruno, saint Norbert s'initièrent à la vie glorieuse qu'ils devaient mener, tellement déchu de sa splendeur, qu'il était allé jusqu'à résister à l'autorité et aux charitables efforts des Pontifes et des plus hauts dignitaires de l'Église, qui, à diverses reprises, avaient tenté de lui restituer son éclat primitif. Aussi Grégoire XV approuva-t-il par Lettres apostoliques le zèle de l'évêque de Toul qui, nonobstant les efforts presque stériles du cardinal Charles de Lorraine, tentait courageusement de nouveau, en s'appuyant surtout sur Pierre, la réforme des Chanoines Réguliers. L'entreprise eut un tel succès, que bientôt le même Pape reçut à Rome deux religieux aussi pieux que savants ; ils venaient lui demander l'approbation et l'érection juridique en Congrégation, sous le gouvernement d'un général élu à vie, des monastères réformés par Pierre, autorisé à cet effet et par l'évêque de Toul et par le Souverain Pontife. L'union des monastères en Congrégation fut aussitôt approuvée ; il n'en fut pas ainsi pour le généralat à vie ; cependant cette seconde faveur fut concédée plus tard, le 25 janvier 1629.

Pierre accourt sans retard au milieu de son troupeau qui recourt à lui dans ses calamités.

Ces entreprises n'empêchaient nullement Pierre de songer à ses chers paroissiens de Mattaincourt. Il les avait confiés à un vicaire, prêtre excellent, chargé d'administrer la paroisse en son nom, et qui, marchant sur ses traces, affermissait ce peuple dans la foi, le défendait courageusement contre les loups de toutes sortes de l'hérésie. Du reste, Pierre jugeait-il sa présence nécessaire à son troupeau, il s'empressait d'accourir. De leur côté, les habitants de Mattaincourt avaient coutume de recourir à lui, dès qu'ils se voyaient menacés de quelque calamité, dont ils attribuaient la cause à la malice du démon, toujours désireux de leur perte. Ce peuple, en effet, jugeait la présence du démon dans leur bourgade, inconciliable avec celle de Pierre ; celui-ci ne l'avait-il pas déjà chassé quand il tendait des embûches à leurs âmes ? Et peu avant la fondation de ses monastères, n'en avait-il pas repoussé les plus terribles assauts ? La victoire remportée était si éclatante, que la renommée s'en était répandue très loin, excitant l'admiration universelle.

Par ses vertus, ses discours et ses exemples, Pierre confirme dans la foi les habitants de Badonviller, réprime l'hérésie de Calvin et remporte sur les sectaires un triomphe complet.

Mais beaucoup plus éclatants encore furent les triomphes remportés par Pierre à diverses reprises sur les hérétiques dont le démon est le père, triomphes qui déterminèrent plus d'une fois le duc de Lorraine à réclamer son concours, quand il se voyait aux prises avec les hérétiques, hommes trop souvent factieux et ennemis de la paix entre les citoyens. A Badonviller, chef-lieu du comté de Salm, les calvinistes déjà presque maîtres du pouvoir, après avoir renversé le presbytère, dissipé les revenus de la cure, après s'être concilié la faveur des principaux citoyens, après avoir terrorisé le peuple par les menaces ou l'avoir séduit par des promesses, se vantaient d'avoir aboli jusqu'au nom même de catholique. Pierre vint en ce lieu. L'exemple de ses vertus, ses prières, ses jeûnes, son admirable et persuasive éloquence affermirent parmi les catholiques la foi chancelante, réprimèrent l'audace des hérétiques qui en furent si touchés qu'ils regrettèrent leurs excès. De plus, à l'aide d'aumônes recueillies de divers côtés, il répare le presbytère, il consacre même à la Mère de Dieu le temple hérétique, y célèbre la messe paroissiale durant laquelle il adresse la parole, même aux étrangers qu'il avait pris soin d'inviter. C'est de ce nom d'étrangers qu'il appelait les hérétiques, soit pour se les gagner par ce qualificatif moins blessant, soit pour imiter saint Paul, donnant aux fidèles le titre de fils de la famille.

Illustre par ses éclatantes actions et ses miracles, il en récuse pour lui l'honneur. Il contracte une maladie dont il prévoit les suites mortelles.

Moyennant ces procédés, Pierre remportait des triomphes. Nombreuses furent ses victoires. Mais si le duc de Lorraine et les principaux magistrats l'en félicitaient, si le peuple dans sa reconnaissance envers son bienfaiteur mêlait ses applaudissements à ses félicitations, Pierre les récusait en toute humilité. Ces succès, disait-il, devaient d'abord être attribués à Dieu, puis aux mérites de ses confrères et des gens de bien. Il répudiait pareillement, dans la mesure du possible, les nombreux miracles qu'il opérait, au dire de témoins dignes de foi, se contentant de remplir parmi les siens les offices les plus abjects. En 1636, Pierre fut envoyé en compagnie de quelques-uns de ses religieux à Gray, ville du comté de Bourgogne, pour y négocier des affaires d'État. Les soupçons des belligérants ne lui permirent pas de quitter ce lieu. Ayant donc séjourné quelque temps dans un village nommé Dompierre, il se fixa définitivement au château de Résines où il consacra son temps à l'instruction des jeunes enfants, tout en enseignant aux plus âgés la méthode pour bien assister aux divins Mystères et s'acquitter fructueusement des autres exercices de piété. Bientôt il ressentit les atteintes de la fièvre quarte, maladie assurément bénigne, qui pourtant n'empêcha pas Pierre de pressentir sa fin prochaine. Dès les premiers moments de sa maladie, il parut consterné, suivant la coutume des Saints, au souvenir de ses péchés ; l'approche du jugement de Dieu le terrifiait tellement que, recourant à Marie avec larmes, il disait en sanglotant qu'elle ne pouvait abandonner son serviteur quoique très indigne, ni son enfant qui l'aimait de tout son cœur.

Il meurt au Château de Résines, le 9 décembre 1640, la 76ᵉ année de son âge.

Enfin, arriva la fête de l'Immaculée Conception. Pierre, réconforté de nouveau en ce jour par la sainte communion, s'écria : « Seigneur, je ne mérite nullement de vous recevoir en mon cœur. Comment en serais-je digne ? Je ne suis qu'un misérable, qui doit être jeté à la voirie pour servir de proie et de pâture aux chiens et aux corbeaux. » Ensuite, s'adressant à Marie avec plus de ferveur encore, il s'écria : « Montrez que vous êtes ma Mère. » Ayant par trois fois fait sur lui-même le signe de la croix, il expira paisiblement le 9 décembre 1640, dans la 76e année de son âge.

On donne aux habitants de Gray son cœur et ses entrailles. Son tombeau, qu'on voit encore à Mattaincourt, devient célèbre par les miracles qui s'y opèrent.

On ouvrit son corps pour en extraire le cœur et les entrailles qui furent laissés aux habitants de Gray ; puis les Chanoines Réguliers le transportèrent en Lorraine pour y être inhumé à l'endroit désigné. Mais à peine le cortège fut-il parvenu à Mattaincourt, que les paroissiens, pleins de vénération, accoururent en foule, déclarant que jamais ils ne souffriraient qu'on ensevelît ailleurs le corps de leur très saint et vénéré Pasteur. C'est pourquoi le tombeau du Bienheureux Pierre se voit encore à Mattaincourt. Là, Dieu s'est plu et se plaît toujours à confirmer par d'éclatants prodiges la gloire de son illustre serviteur.

Les Informations relevant de l'Ordinaire terminées, Clément XI, en 1717, publie le décret de l'héroïcité des vertus du serviteur de Dieu.

Cependant, on songeait à faire décerner à Pierre les honneurs des autels. Après la clôture régulière du procès de l'Ordinaire, on discuta à la Sacrée Congrégation des Rites l'héroïcité des vertus. Les objections ayant été pleinement résolues, Notre Prédécesseur, Clément XI, d'heureuse mémoire, décréta, le 1er avril 1717 : « Il conste que le Vénérable Serviteur de Dieu, Pierre Fourier a pratiqué dans un degré héroïque, soit les vertus théologales, à savoir : la Foi, l'Espérance et la Charité ; soit les vertus cardinales, à savoir : la Prudence, la Justice, la Force et la Tempérance, ainsi que celles qui s'y rattachent respectivement. »

Quatre miracles proposés sont approuvés, alors que Lambertini était Promoteur de la Foi.

On en vient ensuite à la Sacrée Congrégation à l'examen des miracles. Notre prédécesseur Benoît XIV d'illustre mémoire, qui traite précisément cette question dans son ouvrage de la Canonisation (Livre IV, chap. XV) remplissait alors les fonctions de promoteur de la Foi. Au célèbre Jean Lancisius imcombait d'attaquer, au nom de la vérité, les miracles proposés : c'étaient les suivants : 1° deux morts auxquels on applique des reliques du Bienheureux Pierre Fourier après l'avoir invoqué, reviennent à la vie ; 2° une religieuse tourmentée depuis dix mois de plusieurs maladies très aiguës, et à l'article de la mort, recouvre subitement une santé parfaite, par l'application de l'image et des reliques du Bienheureux Pierre Fourier ; 3° une affligée depuis plus d'une année de la sciatique, l'empêchant de se tenir droite et de marcher, en est tout à coup délivrée ; 4° deux frères, incommodés depuis plusieurs années de hernies incurables en sont instantanément et radicalement guéris ensemble, après avoir recouru à l'intercession du Bienheureux Pierre Fourier.

Benoît XIII inscrit Pierre au nombre des Bienheureux le 10 janvier 1730. En 1845, on reprend sa cause en vue de la canonisation.

Ces miracles ayant été de préférence aux autres approuvés et confirmés par un décret Pontifical, notre prédécesseur Benoît XIII d'heureuse mémoire, par Lettres Apostoliques en forme de Bref, inscrivit Pierre au nombre des Bienheureux, le 10 janvier 1730. Depuis, bien que le culte rendu à la mémoire du Bienheureux n'eût jamais été interrompu, on ne s'occupa pourtant plus de sa cause jusqu'en 1845, époque où on la reprit en vue de la Canonisation. Le 11 septembre 1882, des lettres rémissoriales furent expédiées à la Curie ecclésiastique de Strasbourg, la chargeant, en vertu de l'autorité apostolique, d'instruire un procès au sujet d'un miracle ; le 20 décembre de l'année suivante, la Curie ecclésiastique de Paris fut pareillement chargée d'instituer un procès touchant un autre miracle.

Deux miracles sont proposés, en vertu desquels le Pape Léon XIII déclare, le dimanche de la Septuagésime, qu'on peut sûrement procéder à la Canonisation du Bienheureux Pierre.

Le premier de ces miracles arriva en 1868. L'année précédente, 1867, Sœur Marie-Alexandra, religieuse de la Congrégation de Notre-Dame, au monastère de l'Abbaye-aux-Bois, archidiocèse de Paris, fit une chute en gravissant un escalier, chargée d'un paquet de linge, et son genou heurta violemment contre un des gradins. Sur le coup la douleur fut très vive ; elle alla ensuite en diminuant, de sorte que Sœur Alexandra put reprendre ses fonctions. Mais l'année suivante, au mois d'avril, le mal qui couvait traîtreusement au dedans, fit irruption avec une telle violence et des symptômes si alarmants, que les médecins pronostiquaient une issue fatale. Car à une douleur continuelle et très vive, s'étaient adjoints une fièvre pernicieuse, l'enflure de tout le côté droit, une grande déperdition de forces, des évanouissements et un dégoût de toute nourriture. Les remèdes appliqués par de très habiles médecins ne produisaient aucun effet. La goutte traumatique (tel est le nom donné par les docteurs à cette maladie) augmentait de jour en jour, et déjà on avait perdu tout espoir de guérison. Alexandra et ses Sœurs, confiantes dans l'intercession du Bienheureux Pierre, recoururent à lui ; on commença une neuvaine de prières et l'on appliqua une de ses reliques au genou attaqué. La nuit même du jour où fut commencée la neuvaine, Sœur Alexandra s'endormit d'un paisible sommeil. Le lendemain, à la joie des Sœurs qui la félicitent, elle quitte le lit, marche avec agilité et mange avec beaucoup d'appétit. Il ne restait plus aucune trace de la cruelle maladie, ni même des incisions chirurgicales.

Le second miracle eut lieu au mois de juin 1881, en faveur de sœur Marie-Françoise, religieuse de la Congrégation, au monastère de Strasbourg. Déjà sujette auparavant a de très graves perturbations du sein, elle se plaignit en avril 1871 de maux d'estomac, et aux douleurs atroces succédèrent des vomissements de sang. Ces vomissements furent cause que les médecins ne purent constater d'abord s'il s'agissait d'un cancer ou d'un ulcère ; d'après l'ensemble des symptômes et les origines du mal on finit par déclarer l'existence d'un ulcère. Tourmentée durant quatre ans par ce mal, sœur Françoise ressemblait à un cadavre. On commença une neuvaine de prières au Bienheureux Pierre. Le mal parut alors redoubler de violence, néanmoins la confiance de Françoise et de ses compagnes en l'intercession du Bienheureux n'en devint que plus grande. La nuit du dernier jour de la neuvaine, le Bienheureux, du haut du ciel, fait éclater sa puissance. Après un paisible sommeil, sœur Françoise se lève sans l'aide de personne, et toute joyeuse se rend à la chapelle du monastère, où elle reçoit avec ses sœurs la sainte communion. Elle prend ensuite une nourriture substantielle, se remet à ses travaux accoutumés et continue plusieurs années durant à s'en acquitter en parfaite santé.

Ces miracles ayant été examinés dans les réunions anté-préparatoire et préparatoire de la Sacrée Congrégation, la cause fut introduite près de Nous le 16 Novembre 1896, et dans l'Assemblée générale de la même Congrégation fut posée la question suivante : « A la suite des honneurs de la Béatification accordés au Bienheureux Pierre, conste-t-il qu'il y ait eu des miracles, et lesquels, dans le cas et pour l'effet dont il s'agit ? » — Ayant entendu l'avis des Cardinaux et des Consulteurs, après avoir imploré les lumières du divin Paraclet, Nous décrétâmes le 6 janvier de la présente année: « Il conste dans le cas présent de deux miracles : le premier consistant dans la guérison subite et parfaite de Mère Marie-Alexandra atteinte d'une très grave arthrite au genou droit ; le second dans la guérison instantanée et entière de sœur Marie-Françoise d'un ulcère à l'estomac.» Le dimanche de la Septuagésime de cette même année, ayant de nouveau invoqué le secours de l'Esprit-Saint, nous décrétâmes : « On peut en toute sûreté procéder à la Canonisation solennelle du Bienheureux Pierre. »

Dans les trois Consistoires, secret, public et semi-public, les Cardinaux, Prélats et Consulteurs prient, d'un consentement unanime, le Souverain Pontife de canoniser le Bienheureux Pierre.

Ensuite, selon la respectable coutume, dans un Consistoire secret tenu le 19 avril de cette année, nous avons prié tous les Cardinaux de la sainte Église Romaine d'émettre leur avis à ce sujet. Après avoir entendu de la bouche de notre cher fils le cardinal Aloisi-Masella, Préfet de la Sacrée Congrégation des Rites, le récit de la vie, des vertus et des miracles opérés par Dieu à l'intercession du Bienheureux Pierre, tous émirent l'avis qu'on lui décernât les honneurs des Saints. Le même jour, nous avons tenu un Consistoire public, et de nouveau, notre cher fils Philippe Pacelli, avocat consistorial de notre Sacrée Cour, nous entretint des actions et des vertus du Bienheureux Pierre. Nous avons pris soin ensuite de notifier, au moyen de lettres expédiées par la Sacrée Congrégation du Concile, cet heureux événement, non seulement aux évêques voisins, mais encore aux plus éloignés, les priant de venir à Rome nous assister de leurs conseils. Plusieurs s'y étant rassemblés de diverses contrées de l'univers, et ayant pris pleine connaissance de la cause, soit par ce qui avait été dit au Consistoire public, soit à l'aide de documents de la Sacrée Congrégation des Rites, dont nous voulûmes qu'un exemplaire fût remis à chacun, donnèrent leur avis dans le Consistoire semi-public du 20 mai de la présente année, non seulement nos vénérables Frères les Cardinaux de la sainte Église Romaine, mais encore les patriarches, primats, archevêques et évêques qui, d'un consentement unanime, nous pressèrent de terminer cette canonisation. Les actes rédigés publiquement par nos chers fils les Notaires du Siège Apostolique, en sont conservés aux Archives de la Sacrée Congrégation des Rites.

Le Souverain Pontife, ayant d'abord indiqué un jeûne et des prières, fixe la canonisation au 27 mai de cette année 1897.

Nous décrétâmes de célébrer la solennité de cette canonisation dans la Basilique du Vatican, le 27 mai, fête de l'admirable Ascension de Notre-Seigneur Jésus-Christ au ciel. Ayant cependant prescrit un jeûne et déterminé les églises où l'on pourrait gagner les indulgences, nous avons exhorté les fidèles à se rendre propices les nouveaux Saints, par une véritable contrition de leurs fautes, et à se concilier en eux de bienveillants intercesseurs en vue d'obtenir les faveurs célestes.

Le Souverain Pontife Léon XIII dans la Basilique de Saint-Pierre décerne solennellement les honneurs des Saints à saint Pierre Fourier et à saint Antoine-Marie Zaccaria.

Au jour fixé, jour mille fois heureux, tous les Ordres du clergé régulier et séculier, tous les prélats et officiers de la Cour Romaine, les patriarches, primats, archevêques et évêques se sont assemblés. Précédé de ce cortège, Nous avons fait notre entrée dans la Basilique Vaticane, magnifiquement décorée. Alors, notre cher Fils, le cardinal Aloisi-Masella, postulateur de cette cause de canonisation, par la bouche de notre cher fils Balthasar Capogrossi-Guarna, Avocat de la Sacrée Cour Consistoriale, nous a présenté les instances des vénérables Prélats, ainsi que de l'Ordre des Chanoines Réguliers de Saint-Augustin et des Religieuses de Notre-Dame, et Nous ayant réitéré ces instances une seconde et troisième fois, après avoir imploré Nous-même en toute humilité les lumières du Divin Paraclet : — A l'honneur de la sainte et indivisible Trinité, pour l'accroissement et l'honneur de la foi catholique, en vertu de l'autorité de Notre-Seigneur Jésus-Christ, des saints apôtres Pierre et Paul, et de la Nôtre, après mûre délibération, et de l'avis et du consentement de nos Frères les Cardinaux de la sainte Église Romaine, patriarches, primats, archevêques et évêques, avons placé au nombre des Saints Confesseurs le Bienheureux Pierre, prêtre, réformateur des Chanoines Réguliers de Saint-Augustin, et instituteur des Religieuses de la Congrégation de Notre-Dame sous la Règle de Saint Augustin.

Nous lui avons associé par le même Décret Antoine-Marie Zaccaria, prêtre, fondateur de la Congrégation de Saint-Paul, dite communément des Barnabites et des Vierges Angéliques, qui fut lui aussi par ses vertus, son imitation de Notre-Seigneur Jésus-Christ et ses éclatants miracles, un ornement et un soutien de l'Église militante.

Nous avons ordonné qu'il soit fait chaque année, le 9 décembre, mémoire au martyrologe de saint Pierre

Fourier, et nous avons accordé aux fidèles qui visiteront avec piété son tombeau à pareil jour, sept ans d'indulgences et autant de quarantaines. Ayant ensuite rendu nos actions de grâces au Dieu très grand et très bon, Nous avons assisté à la messe solennelle célébrée par notre vénérable Frère le cardinal Louis Oreglia, évêque d'Ostie et de Vellétrie, et Doyen du Sacré-Collège. Après la lecture de l'Evangile, nous avons exhorté la foule très nombreuse et débordante dejoie à se concilier la faveur des nouveaux Saints, surtout par l'imitation de leurs vertus. Ayant à la fin donné solennellement la bénédiction Apostolique, nous avons ordonné d'expédier sous notre sceau de Plomb ces Lettres signées de notre main et des Cardinaux de la sainte Eglise Romaine.

Il est juste de nous réjouir de tout cœur, de formuler et de rendre de très grandes actions de grâces au Dieu vivant dans les siècles des siècles, qui a répandu toutes sortes de bénédictions spirituelles sur Pierre son serviteur, et qui l'a choisi pour le faire resplendir comme un arc-en-ciel au milieu des nuées, et pour embaumer son Epouse, comme les roses, du parfum surnaturel de ses vertus. Fidèles du monde entier, contemplez cet arc radieux, au milieu des tempêtes de ce monde, et respirez avidement les parfums spirituels qui émanent de ce rosier fleuri, afin de dompter les appâts de la volupté, les désirs violents de la cupidité et les élans de l'orgueil. Qu'elles le contemplent surtout ces associations qui, groupant l'élite des catholiques, s'appliquent, par l'union de leurs forces, à faire progresser la religion chrétienne, à secourir les familles dans toutes leurs nécessités spirituelles et temporelles, afin que les hommes voient vraiment que rien n'est plus saint, ni plus avantageux que la pratique de la religion. Qu'ils la contemplent enfin, ces pasteurs, que le peuple chrétien considère à juste titre comme ses pères et ses pourvoyeurs ; qu'ils s'efforcent d'imiter la charité très douce, le zèle patient et industrieux de leur saint collègue de Lorraine, qu'ils aient pour les associations catholiques, ainsi que pour chacune des ouailles qui leur sont confiées une sollicitude, telle que l'exige Notre-Seigneur Jésus-Christ, c'est-à-dire « qu'ils joignent à la foi la vertu, à la vertu la science, à la science la tempérance, à la tempérance la patience, à la patience la piété, à la piété l'amour fraternel, à l'amour fraternel la charité. (2e Lettre de S. Pierre. Ch. I. vers. 5,6,7.)

Par ces exemples de vertus, ils parviendront à s'attacher non seulement leurs propres ouailles, mais il ramèneront aussi au bercail celles que l'hérésie et le schisme ont détournées des pâturages de l'Eglise, afin qu'elles aussi obtiennent « la grâce, la miséricorde, la paix qui vient de Dieu le Père, et du Christ Jésus, Fils du Père dans la vérité et la charité ». (2e Ep. de S. Jean. v. 3.) C'est ainsi, fils bien-aimés, que vous deviendrez semblables au divin Pasteur, qui a dit : « Si un homme a cent brebis, et qu'une d'elles s'égare, ne laisse-t-il pas sur la montagne les quatre-vingt-dix-neuf autres pour aller chercher celle qui s'est égarée ? Et s'il a le bonheur de la trouver, je vous le dis en vérité, il y a plus de joie pour elle que pour les quatre-vingt-dix-neuf autres qui ne se sont pas égarées. » (S. Matth. Ch. XVIII. vers. 12 et 13.) Efforcez-vous donc de plaire au divin Pasteur, ainsi qu'à Nous-même qui occupons sa place ici-bas, et priez afin que les peines et les labeurs que nous avons affrontés et soufferts pour l'union des Eglises soient favorisés et bénis du Christ, « qui après avoir été élevé à la perfection est devenu pour tous ceux qui lui obéissent l'auteur d'un salut éternel ». (Ep. aux Hébr. Chap. V. vers. 9.)

Ayant donc bien pesé tout ce qui devait être examiné, en parfaite connaissance de cause et dans la plénitude de notre Autorité Apostolique, nous confirmons, ratifions et ordonnons de nouveau, et faisons connaître à l'Eglise universelle toutes et chacune des choses précédemment énoncées. Nous ordonnons qu'à la copie de ces présentes lettres, ou aux exemplaires imprimés de ces mêmes lettres, signées de la main d'un Notaire et munies du sceau de quelque personne constituée en dignité ecclésiastique, on ajoute absolument la même foi qu'à Nous-même, si elles étaient exhibées et montrées.

Sanction pénale.

Si quelqu'un avait donc la présomption de violer cette page de notre définition, décret, mandat, largesse et volonté, d'y attenter ou d'y contredire par une au dace téméraire, qu'il sache qu'il encourra l'indignation du Dieu tout-puissant et des Saints Apôtres Pierre et Paul.

Donné à Rome, près Saint-Pierre, l'an de l'Incarna tion du Sauveur mil huit cent quatre-vingt-dix-sept, le six des Kalendes de Juin, de notre pontificat la vingtième année.

† Moi LÉON,
Évêque de l'Église Catholique.

(Lieu du † Sceau.)

† A. Evêque d'Ostie et de Vellétrie Cardinal Oreglia de S. Stephano, Camerlingue de la sainte Eglise Romaine, Doyen du Sacré-Collège.

† L. M. Evêque de Porto et de Sainte-Rufine, Cardinal Parocchi.

† S. Evêque de Frascati, Cardinal Vannutelli.

† M. Evêque de Sabine, Cardinal Mocenni.

† I. Evêque d'Albano, Cardinal Verga, Grand Pénitencier.

† C. de la Compagnie de Jésus, Evêque de Palestrine, Cardinal Mazzella.

† M. Cardinal Ledochowski du titre proto-presbytéral de Saint-Laurent-in-Lucina.

† C. Cardinal Aloisi-Masella du titre presbytéral de Sainte-Praxède.

† M. Cardinal Rampolla du titre presbytéral de Sainte-Cécile.

† V. Cardinal Vannutelli du titre presbytéral de Saint-Sylvestre-in-Capite.

† A. Cardinal di Pietro du titre presbytéral des saints Boniface et Alexis.

† F. Cardinal Satolli du titre presbytéral de Sainte-Marie-in-Ara-Cœli.

† Fr. H. M^le^ de l'Ordre des Carmes déchaussés, Cardinal Gotti du titre presbytéral de Sainte-Marie-della-Scala.

† Dom. M^le^ Cardinal Jacobini du titre presbytéral des saints Pierre et Marcellin.

† A. Cardinal Agliardi du titre presbytéral des saints Nérée et Achillée.

† D. Cardinal Ferrata du titre presbytéral de Sainte-Prisque.

† S. Cardinal Cretoni du titre presbytéral de Sainte-Marie-sur-Minerve.

† Th. Cardinal Mertel du titre proto-diaconal de Saint - Laurent - in - Damaso , Vice - Chancelier de la sainte Eglise Romaine.

† A. Cardinal Macchi du titre diaconal de Sainte-Marie-in-via-Lata.

† A. de la Compagnie de Jésus, Cardinal Steinhuber du titre diaconal de Sainte-Agathe-alla-Suburra.

† F. S. Cardinal Segnà du titre diaconal de Sainte-Marie-in-Campitelli.

† Fr. R. de l'Ordre des FF. Prêcheurs, Cardinal Pierotti du titre diaconal des saints Côme et Damien.

† I. S. Cardinal Prisco du titre diaconal de Saint-Césaire-in-Palatio.

C. Cardinal ALOISI-MASELLA Pro-Dataire.

A. Cardinal MACCHI.

Visa de la Curie.

J. des vicomtes d'Aquila.

Lieu † du sceau de Plomb.

J. CUGNONI.

TABLE DES MATIÈRES

TABLE DES GRAVURES

620-98 B. — Imp. des Orph.-App., D. Fontaine, 40, rue La Fontaine, Paris.

www.ingramcontent.com/pod-product-compliance
Ingram Content Group UK Ltd.
Pitfield, Milton Keynes, MK11 3LW, UK
UKHW022059260726
13993UKWH00001B/206

9 782329 090900